김태형 교수는 도널드 캡스의 전문가이다. 그는 이미 캡스의 저서를 여러 권 번역하였을 뿐 아니라 수업과 연구에서 캡스의 목회 돌봄과 해석학을 접목하여 목회 돌봄 현장에 활용해 왔다. 본 번역서는 현장중심의 목회 돌봄을 위한 책으로, 목회현장에서 돌봄의 사역을 생생하게 사례로 기록할 수 있는 체계화된 현장실습, 사례화, 기록방법과 양식 등을 새롭게 제시하고 있다.

　이 모델에 의해서 기록한 사례와 자료들은 임상목회나 원목에 관심있는 현장 목회자나 신학교에서 배우는 학생들에게 꼭 필요한 훈련 교재이고, 또한 돌봄 사역의 효과를 높이는 유익을 제공해 준다. 기록되지 않은 기억과 경험은 시간이 지나면 희미해지거나 왜곡될 가능성이 높다. 그렇기에 본서는 목회 돌봄을 드러내는 기록된 사례와 사례의 의미, 그리고 해석의 과정을 통해서 목회 돌봄자가 자기 내면의 성찰과 이해가 확장되어 돌봄 역량이 향상되도록 돕는다. 결국 이러한 과정을 통해 목회 돌봄자가 자신의 내면을 진지하게 들여다봄으로서 도움을 필요로 하는 피돌봄자에게 더 큰 의미와 희망을 제공해 준다.

　본서는 파노라마 처럼 펼쳐지는 다양한 돌봄의 현장에서 목회 돌봄자가 적합하게 대처할 수 있는 방향을 제시해 주고, 목회 돌봄의 새로운 차원을 제공해 준다는 면에서 현장 목회자나 신학생에게 꼭 필요한 필독서이다.

**홍인종** (장로회신학대학교 교수, 목회상담학)

하늘에 떠가는 구름에게서 이야기를 들어보세요. 귓가를 스치며 지나가는 바람에게서 먼 나라 이야기를 들어 보세요. '무슨 뜬 구름 잡는 소리냐?'고 생각하실 겁니다. 그런데 정호승 시인은 "그리운 목소리"에서 이렇게 노래합니다. "나무를 껴안고 가만히 귀 대어보면, 나무속에서 어머니의 목소리가 들린다. 행주치마 입은 채로 어느 날, 어스름이 짙게 깔린 골목까지 나와, 호승아 밥 먹으러 오너라하고 소리치던, 그리운 어머니의 목소리가 들린다."

시인은 나무를 껴안고 가만히 귀 대어 보면 어머니 목소리를 들을 수 있다고 가르쳐 줍니다. 어쩌면 한참 전에 돌아가셔서 얼굴조차 기억나지 않는 어머니, 그 어머니 목소리를 듣고 싶다면 나무를 껴안고 가만히 귀 대어 보라는 겁니다.

곽해룡 시인 역시 그의 시, "귀뚜라미"에서 이렇게 재해석 합니다. "귀뚜라미가 귀뚤귀뚤, 귀뚤귀뚤, 막힌 귀를 뚫어준다. 대못처럼, 내 귀에 꽉 박힌 소리, 귀뚤귀뚤, 귀뚤귀뚤, 말끔하게 뚫어준다." 살아가며 "너 같은 녀석, 살아 뭐해!" "네까짓 놈이 뭘 안다고!"라며 부정적인 이야기를 귀에 못이 박히도록 들으셨나요? 그거 뚫어 주시려고 하나님께서 귀뚜라미를 우리에게 주셨답니다. 대단하지요? 시인들은 탁월한 능력을 가졌나 봅니다. 그런데 시인이니 당연하다고 여기시나요? 하지만 그리스도인 우리 역시 탁월한 듣기 능력을 소유한 사람들은 아닐까요? 그리스도인은 믿음을 가진 존재입니다. 믿음을 가진 사람들은 세상이 듣기 어려운 것을 들을 줄 압니다. 볼 줄도 압니다. "저 장미꽃 위에 이슬 아직 맺혀 있는 그때에 귀에 은은히 소리 들리니 주 음성 분명하다." 찬송가 가사는 신앙의 신비를 말합니다. 신비는 비밀과 다릅니다. 비밀은 가르쳐 주면 알지만, 신비는 가르쳐 줘도 자신이 경험하기 전에는 죽었다 깨어나도 모릅니다. 이 신비를 아는 사람들, 그들이 그리스도인입니다.

이 탁월한 듣기 능력을 목회상담자들은 목회 돌봄의 현장에 고스란히 접목하고자 하는 사람들입니다. 목회 돌봄이 무엇인지, 또 목회상담가로서 사람을 돌본다는 것의 의미와 방법에 대해 알고 싶다면 이 책을 꼭 읽어 보시라고 권해드리고 싶습니다.

사랑하는 김태형 교수님께서 교수님의 학문적 스승이신 도널드 캡스 선생님의 책을 번역하셨습니다. 특히 이 책은 캡스 선생님의 제자이면서 진실하게 목회하고 계신 진 파울러 목사님과 공동으로 집필하신 책입니다. 책 곳곳에 이론적이면서 실천적인, 또 목회 현장 중심적이면서, 목회신학적인 통찰이 가득합니다. 아마 읽으시며 탁월한 감각을 가진 시인의 눈과 귀를 갖게 되실 겁니다. 그래서 하나님의 음성을 잘 알아듣고자 하는 신앙의 신비를 보다 빠르게 경험하게 되실 겁니다. 한 가지 덤이라면, 글을 읽는 내내 박노해 시인의 시, "그러니 그대 사라지지 말아라"가 생각나실 겁니다. 특히 마지막 그가 말한, "그토록 강력하고 집요한 악의 정신이 지배해도, 자기 영혼을 잃지 않고 희미한 등불로 서 있는 사람, 어디를 둘러보아도 희망이 보이지 않는 시대에, 무력할지라도 끝끝내 꺾여지지 않는 최후의 사람, 최후의 한 사람은 최초의 한 사람이기에, 희망은 단 한 사람이면 충분한 것이다"의 의미를 이해하실 겁니다.

책을 읽는 모두에게 주님의 은혜가 있으시길 소망합니다. 하나님께서 잘해 주실 겁니다. 사랑합니다.

**이상억** (장로회신학대학교 교수, 목회상담학)

*The Pastoral Care Case:*
*Learning about Care in Congregations*

Donald Capps and Gene Fowler

돌봄의 목회현장 이야기

# 돌봄의 목회현장 이야기

초판 1쇄 인쇄 | 2018년 12월 20일
초판 1쇄 발행 | 2018년 12월 27일

지은이  도널드 캡스 & 진 파울러
옮긴이  김태형
감수  이상억

펴낸이  임성빈
펴낸곳  장로회신학대학교 출판부

등록  제1979-2호
주소  04965 서울시 광진구 광장로5길 25-1(광장동 353)
전화  02-450-0795
팩스  02-450-0797
이메일  ptpress@puts.ac.kr
홈페이지  http://www.puts.ac.kr

값  10,000원
ISBN  978-89-7369-441-9  93230

＊이 도서의 국립중앙도서관 출판예정도서목록(CIP)은
  서지정보유통지원시스템 홈페이지(http://seoji.nl.go.kr)와
  국가자료공동목록시스템(http://www.nl.go.kr/kolisnet)에서
  이용하실 수 있습니다. (CIP제어번호 : CIP2018041531)

# 돌봄의
# 목회현장 이야기

다양한 삶의 현장에서 성도들의 필요에 응답하는
목회 돌봄의 기록

### 도널드 캡스 & 진 파울러

**김태형** 옮김
**이상억** 감수

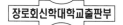

장로회신학대학교출판부

# 옮긴이의 글

오늘날 점점 많은 목회 <sub>기독교</sub> 돌봄자들이 성도들의 다양한 삶의 현장에 대하여 관심을 갖고, 조언을 하는 등의 돌봄 활동을 통하여 돌봄의 영역이 넓어지고 있다고 말하고 있습니다. 다시 말해서 성도들이 자신의 삶의 상황에 특화된 목회 돌봄을 원하고, 목회자는 그런 돌봄의 사역을 감당해야 되는 상황에 이르고 있습니다. 캡스 선생님은 이런 현대 목회 <sub>기독교</sub> 돌봄 상황을 염두에 두시고 이 책을 저술하게 되셨다고 밝히십니다.

이 책을 통하여 캡스 선생님은 현대의 목회 <sub>기독교</sub> 돌봄자들은 동일한 성도들과 다양한 맥락속에서 관계를 유지해야 되는 상황을 맞이하게 되기 때문에, 각 맥락에 적절한 방식의 돌봄 관계를 맺도록 도움을 주는 통찰을 주십니다. 또한 성도들의 삶의 현장에 초점을 둔 돌봄 기록 방식의 모델의 활용에 대한 인식과 더불어서, 내관 introspection 을 통하여 돌봄자가 스스로의 내면을 끊임없이 점검하는 방식을 익히면서,

자기분석과 정신 관리에도 많은 도움을 받는 데에 초점을 두고 있습니다.

저는 지난 수년간 주님의 은혜 속에서 캡스 선생님의 여러 저서들을 번역할 귀중한 기회를 얻었습니다. 특히 본 도서를『목회해석학 : 목회 돌봄과 해석학』2018, MClinstitute 과 함께 탐독하시게 되면, 돌봄자가 자기화appropriation 를 통하여 돌봄에 대하여 자신의 해석학적 시각을 얻는 방식을 익히게 되실 것이라고 생각합니다.

아울러 유난히 여름에 바쁘신 가운데에도 귀한 추천서를 써 주신 홍인종, 이상억 스승님들께 감사드리며, 아내 시현과 아들 성민, 그리고 미목 가족들과 열심히 공부하고 임상경험을 쌓는 장신대 학생분들과 출판의 조촐한 기쁨을 나누고 싶습니다. 아울러 보다 많은 목회 기독교 돌봄에 종사하시는 분들이 이 책을 통하여 다양한 돌봄의 현장을 효율적으로 파악하고, 기록하고, 기록을 통하여 한층 발전된 돌봄방식을 연구하게 되며, 다른 한편으로 깊이 있는 내관을 통하여 분주한 돌봄 가운데에도 건강하게 자신을 관리하게 되기를 기원합니다.

2018년 8월 아차산 기슭에서

김 태 형 교수, 장로회신학대학교 학생생활상담소

# 목차

제1장

# 돌봄 사례 기록의 필요성

# 1장,
## 돌봄 사례 기록의 필요성

목회 현장에서 돌봄은 목회자와 교회 공동체 모두가 감당해야 할 사역이며, 교회 공동체의 구성원뿐만 아니라 교회가 속한 지역의 고통받는 사람들도 돌봄의 대상이 되어야 한다. 전통적으로 신학생들은 사역을 준비하는 한 방편으로써 목회 돌봄을 실습하고, 그 내용을 기록하고, 소그룹이나 강의에서 돌봄 기록을 해석하는 훈련을 받는다. 그리고 그 결과는 매우 효과적이다. 그러나 오늘날은 20세기에 비해서 더욱 현장 중심의 돌봄이 요구되기 때문에 전통적 돌봄의 훈련이 개선되어야할 여지가 있다고 생각한다.

목회 돌봄의 내용을 적는 사례 기록은 병원의 임상 현장 Clinical settings 에서 시작되었고, 돌봄 교육도 임상 목회 훈련 오늘날 임상 목회 실습[C.P.E.]로 더 많이 알려짐 의 일환으로 실시되었다. 좀 더 구체적으로 말하면 20세기 중반에 임상 목회 훈련이 신학교에 먼저 도입되었고, 그 후에 현장 중심의 돌봄 사례가 기록되기 시작하였다. 그러나 돌봄 기록의 상황이 병원의 임상 현장에서 목회 현장으로 옮겨질 때 돌봄의 특성에 대한 차이가 간과되었다. 병원에서 환자의 증세를 관찰하듯이 목회 현장에서 성도들을 면담하는 경향이 발생하였다.

한편 목회 현장에서 성도들이 처한 상황은 다양하고 그만큼 그들의 삶의 이야기도 간단하지 않고 복잡하다. 따라서 현장 중심의 목회 돌봄을 실천할 때 이런 특성을 인식할 필요가 있다. 이 책은 철저히 현장 중심의 목회 돌봄을 위하여 씌어졌다. 이 책은 오늘날 목회자들이 목회 돌봄 현장의 실제 경험을 최대한 생생하게 살려서 사례로 기록할 수 있도록 돕는 기록 양식을 제시한다. 따라서 신학대학원생 M.Div. 과 목회학박사과정 학생 D.Min. 들이 목회 현장에서 돌봄의 경험을 이 모델에 의하여 기록하게 되면 현장 중심의 돌봄 사역의 효과를 높이는 훈련이 될 수 있다고 생각한다. 동시에 돌봄의 대상이나 세부 내용에 있어서 목회 현장에서의 돌봄과 차이가 있지만 목회 상담이나 원목에 관심이 있는 학생들도 이 모델을 통해서 유익을 얻을 수 있다.

오늘날은 목회 돌봄에서 현장성이 가장 중시되는 시대가 되었다. 이 새로운 모델은 돌봄의 대상에 대한 효과적인 탐색이나 돌봄 기법의 사용을 상담 상황에만 국한시키지 않고, 다양한 돌봄의 현장에서도 가능하다는 것을 깨닫게 한다. 우리는 다양한 현장에서 각 피돌봄자들의 독특한 돌봄을 받고 싶은 욕구를 예민하고 섬세하게 파악해서, 가장 적절한 돌봄을 제공해야 하는 시대에 살고 있다. 이런 특성이 간과된 채, 틀에 박힌 방식으로 제공되는 목회 돌봄은 점점 더 설 자리를 잃고 있다. 한 마디로 돌봄의 현장성 그 자체가 돌봄을 낳는 원천이 되었다.

나는 파울러 Gene Fowler 와 이 책을 공동저술하였다. 우리는 공저를 위해서 상당히 오랫동안 목회 돌봄에 대한 각자의 기본 입장을 충분히 공유하였고, 상대방의 관점을 받아들여 공유된 시각에서 현대 목회 돌봄에 도움이 될 수 있는 통찰을 이끌어내었다. 나의 목회 신학적 관점이 실제로 목회 현장에서 사역을 감당하는 존 파울러 Gene Fowler 의 관점과 융합되어, 현대 목회 돌봄의 현장성에 적용할 수 있는 새로운 돌봄의 지평을 열게 되었다.

제1장은 돌봄 사례의 해석 과정을 설명한다. 현장성에 초점을 둔 목회 돌봄을 실천하기 위해서 이 과정에 대한 이해가 필요하다. 이 과정은 20세기 동안의 목회 돌봄 교육에 대한 여러 논의들을 소개하면서 설명될 것이다. 아울러 목회 돌봄의 현장에서 새로운 사례 기록 형식이 필요한 이유도 설명한다.

제2장은 '목회 돌봄 사례'라고 부르는 새로운 사례 기록 양식을 제시하고, 그 양식에 대해서 세부적으로 현장 실습, 사례화, 기록방법, 양식 등을 설명한다. 새로운 돌봄 기록 양식은 목회자에게 상담뿐만 아니라 각 돌봄을 고유한 의미를 가진 사례로 바라보는 시각을 길러주며 동시에 목회자가 사례를 기록하면서 자신의 내면을 이해 self-understanding 하도록 하여 한층 성숙한 자기성찰로 이끈다.●

제3장은 목회 돌봄 사례가 드러내는 의미를 설명한다. 사례의 의미는 해석의 과정을 통해서 식별될 수 있기 때문에 둘의 관계는 동전의 양면과 같다. 해석자는 다양한 종류의 목회 돌봄 사례의 특성을 충

---

● 여기에서 제2장의 내용은 *The Journal of Pastoral Care 52-4* (Winter 1998), 323-38에 게재된 "Studying Pastoral Care in Congregation: A Hermeneutic Approach"의 내용을 전반적으로 재구성하였음을 밝힌다.

실히 해석하는 과정에서 드러나는 의미를 얻어야 한다. 결국 사례 해석은 의미를 얻기 위한 과정이라는 점을 명심해야 한다.

제4장은 사례 해석을 통하여 얻을 수 있는 또 다른 특성을 설명한다. 여기에서는 사례 해석의 과정을 읽는 유익을 설명한다. 제2장에서 제시된 양식에 의해서 기록된 특정 목회 돌봄 사례의 해석 과정을 통하여 해석자의 돌봄 역량이 향상된다. 그리고 사례 해석을 통하여 독특한 의미를 만날 수 있는 가능성에 대한 논의가 그 유익의 정점을 차지한다.

제5장은 사례 해석을 통해 목회 돌봄 사례 기록에서의 배울 점에 대해 설명한다. 자신이 직접 기록한 사례에서 배우는 내용은 다른 돌봄자의 사례 기록에서 배우는 것과 분명히 다르다. 그리고 사례를 기록하는 행위로부터 이미 배움이 시작된다. 모든 사례 기록자는 언제나 돌봄 사역의 현장을 "되도록 생생하게 있는 그대로" 체험해야 하는 과제를 안고 있는데 사례를 기록하면서 이 과제가 자연스럽게 해결된다. 또한 사례 기록이 기록자 자신의 내면을 이해하는 유익을 준다.

제6장은 목회 돌봄 기록의 적용과 발전 가능성을 설명한다. 돌봄 사례의 기록자가 목회 돌봄 사례를 기록할 때에 타인이 그 내용을 읽고 비판할 수 있다는 사실을 지나치게 의식하면, 자신의 내면을 드러내는 기록을 '누락' 시킬 가능성이 있다. 이때, 누락되는 내용은 기록자 심리 내면의 어떤 중요한 특성을 반영할 수 있다. 돌봄 사례 기록은 이런 현상이 완벽하게 차단될 수 없다는 한계를 가진다. 그러나 기록자가 진지하게 사례 기록에 내관introspection 을 반영한다면 자신의 내면을 살펴볼 수 있는 유익을 얻게 될 것이다.

목회 돌봄이 일어나는 현장은 일일이 헤아릴 수 없을 정도로 범위가 넓고 다양하다. 인간의 삶이라는 파노라마의 폭과 길이가 동일하다. 보다 많은 돌봄자들이 돌봄의 이야기를 솔직하게 드러내고, 나누고, 해석하고, 의미를 발견하는 배움의 과정을 통하여 더욱 효과적으로 고통 받는 이들을 돌보게 되기를 희망할 뿐이다.

제2장

목회 돌봄 교육과 사례 해석

목회 현장에서 일어나는 일을 있는 그대로 인식하고 탐구하는 태
도를 갖출 때에 효과적인 목회 돌봄을 실천할 수 있다. 이런 목회 돌봄
의 실천을 배우기 위한 방법중에 하나가 사례의 기록과 그 해석이다.
제1장은 목회 돌봄 사례의 이해를 위하여 필수 과정인 사례 해석의 과
정을 설명한다. 먼저 사례 기록과 해석에 대한 강의의 기원에 대하여
소개하고, 다음으로 분야별 사례 해석의 차이에 대하여 설명할 것이
다. 아울러 목회 현장의 돌봄에서 새로운 사례 기록의 형식이 필요한
이유를 설명할 것이다.

　19세기 하버드 법대에서 사례 기록방법의 일환으로 사례 해석에
대한 강의가 시작된 이후로 차츰 이 혁신적인 교육 방법이 의학이나
경영학 분야에서도 매우 효과적이라는 사실이 입증되었다. 그후 사례
기록은 임상 목회 교육의 발전에서도 독특한 역할을 하게 되었으며

오늘날 목회 돌봄 연구를 위한 교육 과정에서 중요한 의미를 갖는다.

## 1. 관습법과 사례 기록

미국에는 두 개의 구별된 법체계가 있다. 하나는 입법 기관에 의하여 제정되는 법체계이며, 또 다른 하나는 관습법 common law, 또는 판례법 case law 이라고 불리는 법체계이다. 관습법은 특정한 사례에 대한 고등법원 판사의 문서화된 논거를 법리로 발전시키며 형성된다. 1869년에 하버드 법대의 교수로 임용되어, 1870년에 학장이 된 랭델 Christopher Columbus Langdell 이 관습법 체계를 가르치기 위해서 사례 기록법의 강의를 시작하였다. 그리고 비엔나 출신의 법률학자인 조셉 레트리히 Joseph Redlich 는 1914년에 법률 사례 기록은 "유럽에서는 볼 수 없는 미국인의 독특한 법적 관념을 대변하는 창의적 작품"(9)이라고 카네기 재단에 보고하였다.

랭델 Langdell 은 1871년에 하버드 대학에서 법학도들이 효율적으로 법학을 배우기 위해서 관습법의 기초 자원이 되는 법률 사례의 기록과 검토방법을 가르쳐야 한다고 주장하였다. 이런 입장에서 그는 다양한 법률 사례들을 취합해서 교재로 사용하였고, 단순히 사례와 사례에 대한 교수와 학생들의 토론도 교재에 실렸다.

그의 강의는 세 가지 과정으로 구성되었다. 먼저 교수가 주어진 사례의 실제 내용 fact 를 설명하고 학생들이 그 내용 fact 과 관련된 법적 문제를 대략적으로 분석해보도록 돕는다. 그 후에 교수가 학생들이 다양한 법적 관점을 추론하도록 토론을 이끌고, 마지막으로 그 각 관점에 대하여 서로 반대 입장에 바라보고 질문하는 토론을 활성화시킨다. 이렇게 교수와 학생이 함께 논의하며 다양한 법적 관점을 생각하고, 타협과 합의를 거치는 과정을 통하여 학생들은 관습법의 원리를 이해하게 된다. 랭델Langdell 은 학생들이 토론을 통하여 배우도록 이끄는 이런 방식을 소크라테스식 대화법Socratic method 이라고 설명하였다.

소크라테스 대화법은 그 방식은 매우 단순해 보이지만 사례의 실제 내용을 분별하는 단계와 실제 내용과 관련된 원리를 발견하는 두 단계를 통하여 사례를 이해하고 해석하도록 이끈다. 이 두 단계는 법학교육에서 사례 해석의 효율성을 발견하는 데에 공헌하였을 뿐만 아니라 이후에 목회 돌봄 교육에서 사례 기록과 해석을 가르칠 때에도 가장 기초적인 뼈대가 된다.

점차로 랭델Langdell 은 대단위 강의에서 소크라테스 대화법을 통하여 교육의 효과를 얻을 수 있는 방법을 찾기 위하여 노력하였으며, 마침내 첫 법률 사례집이라고 할 수 있는,『계약법 사례집』A Selection of Cases on the Law of Contract 을 출판하였다. 레트리히 Redlich 는 랭델Langdell 이 새로운 법학 교수법을 생각해내었을 뿐만 아니라, "현대식 법률 사례집"modern case-book 을 출판하게 된 데에서 독창적인 공헌을 하게 되었다고 말한다 Redlich, 1914, 59. 한편 시간이 지나면서 출판되는 사례집에 실을 사례들을 선택하기 위한 원리를 정립해야 하는 상황이 발생하였다. 이에 따라 랭델Langdell 은 현실의 사건을 기록한 사례의 해석 과정을 철저하게 거쳐야 하고, 그 해석에서 얻어진 법적 논리가 실제의 삶과 연관이 되어야 한다는 법률 사례 선별의 원리를 정립하였다.

랭델Langdell 은 법을 역사 속에서 자연스럽게 경험되는 이치와 원리로 구성되어 수 세기를 거쳐서 현재의 모습으로 변천한 학문으로 보았다. 그리고 이 학문을 구성하는 기본 원리는 현실과 결합된 사례 속에서 발견된다고 하였다. 그는 미국의 교육이 이상주의적인 고전적 사상에서 벗어나서 대학에서 실용적인 원리를 추구하려던 시기에 하버드에 오게 되었다. 이러한 시대의 흐름은 대학의 실험실에서 학문을 검증하려는 분위기와 현실적 관점에서 법학의 타당성을 입증하려는 연구풍토를 주도하였다. 그 시기에 하버드 대학에는 랭델Langdell 의 법학도였던 엘리옷Charles Eliot 이 총장으로 재직하고 있었다. 그는 자연과학과 법학의 유비적 연구에 관심을 보여서 "자연과학이 자연현상과 그 현상에 대한 실험을 통해서 법칙을 도출해 내듯이 법학도 사례라는 구체적 현상속에서 어떤 원리를 추론해 낼 수 있는 학문"이라는 입장을 보였다(Redlich, 15). 그는 자연 현상에서 도출해낸 과학적 법칙과 같이 법률 원리도 각 사례의 사실적 내용에 근거해서 논리적으로 추론될 수 있고, 가르칠 수 있는 성격의 학문으로 보았다. 법학과 자연과학과의 관계에서 유비가 성립된다는 관점이 받아들여지면서 자연과학이 자연현상을 검토하듯이, 법학은 사례를 연구하여서 특정한 사실 사례 에 포함된 법률적 원리 보편적 타당성을 지닌 를 끌어내어서 귀납적 방법을 교육할 수 있는 학문으로 이해가 되기 시작하였다. 목회 돌봄 교육에서 사례 해석의 이해 전체를 관통하는 한 가지 법칙이 있다면 바로

'귀납적 추론' inductive reasoning 이다.

한편 레트리히 Redlich 는 법률 연구에서 귀납적 추론만이 학문적 방법론으로 타당하다는 오해에 빠지지 않기 위해서 연역적 추론 deduction 도 중요한 학문적 방법론임을 간과하지 않아야 한다고 주장한다. 그 이유는 현실적으로 판사가 특정 사례에 대한 판결의 내용을 결정할 때에 관습법에 근거한다고 해서 반드시 귀납적으로만 법률의 원리를 추론하지 않기 때문이다. 오히려 이전에 비슷한 사례에 적용되었던 법 원리가 있다면, 그 원리를 현재 판결을 내리려는 사례에 적용시키는 경우가 더 많다. 기본적으로 판사는 "연역적 추론에 의하여 기존의 일반화된 법 원리를 특정한 사례에 적용하는" 임무를 수행한다(1914, 56-57).

법률 사례 해석에서 기본적으로 중요한 역할을 하는 연역적 추론은 목회 돌봄 교육에서의 사례 해석의 이해에도 중요하다. 판사가 기존의 일반화된 법 원리를 특정 사례에 적용해서 검토하듯이 목회 돌봄 교육을 받는 학생들은 기존의 목회 돌봄 원리를 자신의 사례에 적용시켜 이해하도록 훈련을 받는다. 따라서 목회 돌봄 원리는 신학과 사회 여러 학문들 간의 학제적 연구 interdisciplinary 를 통하여 얻게 되는 경우가 많다. 예를 들어서 우울증과 관련된 사례의 이해를 위하여, 우울증의 신학적 의미도 탐색하는 학제간의 해석이 시도된다. 전통적으로 목회신학 pastoral theology 은 사례의 해석에 대하여 연역적 추론이 이론화된 분야이다.

목회 돌봄 교육을 받는 학생들이 사례 해석과 관련된 여러 원리들 모델, 규범, '일반화된 규칙' 을 배우기 시작할 때에, 교수들은 기존의 목회 돌봄 원리들을 해석적으로 적용시켜서 학생들의 토론을 이끈다. 그러면 학생들은 과거의 경험과 지식에 근거해서 돌봄의 관점에서 사례에서 드러나는 삶의 다양한 고통의 내용을 탐색한다. 이때에 새로운 사례를 이해하기 위해서 기존의 원리를 적용할 때에 다소 모호함을 경험할 수 있다. 그러나 일반화된 원리를 현재 해석하는 사례에 적용시키면 사례의 새로운 해석을 통하여 독특한 원리가 서서히 그 모습을 드러내게 된다. 이 과정을 통해서 목회 돌봄 교육에서 사례 해석은 연역적 추론과 귀납적 추론의 상호작용interplay 을 포함한다. 또한 새로운 사례에서 얻어진 독특한 원리는 해석 훈련을 받는 학생들의 토론을 통하여 여러 사람의 관점이 포함되면서 그 독특성이라는 원석이 일반화된 원리라는 작품으로 다듬어져서 다시 새로운 사례의 해석에 사용될 것이다. 한편 랭델Langdell 은 이런 사례 해석이 원활하게 진행되기 위해서 계속 논의를 이어나간다.

<br>

## 3. 법률가 양성과 사례 교육

랭델Langdell 은 법학이 경험적 탐색 과정에서 새로운 원리가 형성될 수 있는 학문이라고 설명하면서 새로운 원리를 만들어내는 법률가의 태도에 대하여 언급한다. 그는 참된 법률가는 "실타래처럼 얽혀있는 인간의 삶에서 확실한 삶의 가치와 현실적 효용성"을 찾기 위해서 끊임없이 법의 원리를 적용하는 데에 숙련된 전문가라고 주장한다vi. '실타래처럼 얽혀있는 인간의 삶'이라는 은유는 법률가가 법을 적용하는 상황을 아름답게 묘사한다. 일단 실타래가 얽혀버리면 타래를 풀어서 둥근 공 모양으로 감아야 뜨개질을 할 수 있다. 실타래의 은유는 참된 법률가는 사례 속에 얽혀진 삶과 그 이야기를 분별하며 귀납적 추론으로 독특한 법 원리를 풀어내는 과정을 묘사한다.

학생들이 목회 돌봄 원리들을 배우게 되면, 사례를 넘어서 실제 목회 현장에서 '실타래처럼 얽혀있는 인간의 삶'에 대한 목회 돌봄 속에서 '효율성과 확실성'이라는 잣대로 그 원리들에게 일반화라는 특성의 옷을 입힌다. 예를 들어서 어떤 목회자가 애도의 개념에 대하여 배우게 되면 자신이 이해한 애도에 대한 일반 원리를 사용해서 예전보다 능숙하게 사랑하는 이들 떠나보낸 개인이나 가족이 겪는 "애도의 아픔 속에 얽혀있는 실타래"를 풀어내도록 도울 수 있다. 다시 말해서 목회 돌봄자는 사례의 해석에서 배운 일반화된 이론을 귀납적 추론을 통하여 독특한 목회 현장에 적용하게 되면서 목회 돌봄을 실천하게 된다.

캐봇 Richard Cabot 은 의학적 진단 교육에서 사례 해석의 방법을 가르치게 된 교수중의 한 사람이다. 이제 그의 사례 해석 방법을 살펴보고, 그의 방법론을 목회 돌봄 교육에 적용하여 보려고 한다 Henri Nouwen, 1077, 12-20.

## 4. 의학 분야의 사례 해석

많은 사람들은 1908년부터 하버드 경영대학에 의해서 법대에서 시작된 사례 해석 방법이 본격적으로 교육의 현장에 도입하였다고 생각한다. 그러나 경영학 분야의 최초의 사례집은 1920년이 되어서야 출판된다. 한편 캐봇 Cabot 은 이미 1898년에 하버드 의대의 의학적 진단 교육 과정에 법대에서 시작된 사례 해석 방법을 포함시킨다. 그는 1880년대와 90년대에 사례 진단 교육을 가르쳤으며, 1906년에 『의학 분야의 사례교육』 Case Teaching in Medicine 이라는 첫 의학 진단 사례집과 1911년에 두 권으로 구성된 『차별화된 진단법』 Differential Diagnosis 을 출판한다.

캐봇 Cabot 은 1906년에 출판된 첫 저서의 도입부에서 의학적 진단 교육법에 대하여 설명 주로 랭델(Langdell) 의 관점에 근거 하며, 교육의 목적이 질병에 대한 진단적 추론에 맞추어져 있다고 말하였다. 그는 의학 분야의 사례에서 사실 내용은 법률적 사실관계가 아니라 질병의 증세이며, 법률적 추론이 아닌 증세에 대한 진단적 추론이 가장 기본적인 원리가 된다고 설명하였다. 그러나 학문의 분야에 따라 사례의 내용이 '법률'과 관계될 수도 있고 또는 '진단'과 관계될 수도 있지만 해석과 관련된 추론은 귀납적 관점과 연역적 관점을 모두 포함하며 목회 돌봄 사례 해석을 위한 '추론'에서도 두 관점이 포함되어야 한다는 원칙은 변함이 없었다.

캐봇 Cabot 이 설명하는 진단적 추론은 관찰을 통하여 증세로 판명되는 질병이 포함된 사례의 해석과 관련된다. 이 사례는 개인의 병력과 임상적 관찰 자료가 그 주요 내용이 된다. 의사는 진단적 추론을 통해서 사례를 해석해서 개인이 겪고 있는 증세를 어떤 병증의 범주에 포함시키고 그 범주 안에서 좀 더 구체적인 병명을 부여하며, 그 병증에 대처하기 위하여 적절한 처방을 내리고 회복의 징후를 예상할 수 있다. 캐봇Cabot 의 사례 해석 중심의 의학적 진단 교육도 어떤 증세에 적절한 병증의 범주를 선택하기 위해서 소크라테스식 대화법의 토론을 강의에 포함시킨다(vii-x).

한편 캐봇Cabot 이 20년 이상 사용한 의학적 진단 방법이 신학교의 임상 목회 훈련의 일환으로 도입되면서, 바야흐로 사례 해석 방법론의 초점이 의학교육에서 임상 목회 훈련으로 옮겨지게 되었다.


## 5. 임상 목회 훈련과 사례 교육


오늘날 임상 목회 훈련이라는 교육 과정은 미국에서 처음으로 전임full-time 병원원목 근무를 경험한 보이슨Anton Boisen 에 의해서 시작되었다. 보이슨Boisen 은 1936년에 출판된『내면세계의 탐색』The Exploration of the Inner World 에서 "지난 12년 동안 사역의 현장에서 전문 돌봄으로부터 정신질환의 범위에 이르기까지 신학생들에게 임상 훈련이 필요하다는 생각을 갖게 되었다."(250)라고 말한다. 이 임상 훈련 계획은 1925년 여름에 이르러서야 열매를 맺게 되어, 부스터Worcester 주립 병원에서 4명의 신학생들이 처음으로 훈련을 받게 되었다.

보이슨Boisen 은 임상 훈련의 필요성을 깨닫게 한 정신질환에 대하여 "정신 질환과 관련된 사례에서 고통을 받는 이는 삶에서 어떤 것에 대해서도 확신을 갖지 못한다. 그의 내면세계는 산산이 부서져서 형체가 사라진다. 그는 자신이 성장한 문화적 배경에서 아무 의미를 발견하지 못하고, 모든 것에 의문을 품게 된다. 우리는 그의 시각의 렌즈를 통하여 삶을 들여다보고, 실제 경험 속의 신념의 밑바닥을 들여다보고, 그 신념을 이루고 있는 원칙과 힘을 이해해야 한다."(252)라고 묘사한다.

위의 내용에서 알 수 있듯이 보이슨Boisen 은 현실 경험의 탐색을 위해서 임상 목회 훈련을 주장하였다. 그가 임상 목회 훈련을 위한 적합한 도구로써 사례를 이용하게 되었음을 주목할 필요가 있다. 1968년에 나우웬Nouwen 은 보이슨Boisen 의 임상 목회 훈련에서 "사례에 대한 설명과 토론"이 가장 본질적이라고 말하였다(59). 이 표현은 그가 임상 목회 훈련 과정을 고안해내는 데에 공헌하였음을 설명한다Glenn H. Asquith, 1980. 보이슨Boisen 은 더이상 학생들이 교수가 지정하는 텍스트를 읽는 일방적인 교육방식에서 벗어나서 몸소 경험하는 목회 돌봄을 사례로 기록하는 훈련체계를 만들어내었다Boisen, 1936, 260.

한편 보이슨Boisen 은 상담치료를 받는 환자에게 적합한 사례 양식을 개발하기 위해서 심리치료 역사에서 사용된 양식들을 살펴보았다. 아스퀴스Asquith 에 따르면 보이슨Boisen 은 사례양식에 환자의 사회 종교적 배경, 유아기부터 성인이 되기까지 개인역사, 현재 심리증세에 대한 병력과 특징, 심리증세에 대한 진단 및 종교적 관점에서 경험에 대한 해석도 추가되어야 한다고 생각하였다(1980). 보이슨Boisen 은 메이어 Adolf Meyer 가 만든 심리치료의 사례 기록 양식에 근거하고 심리치료사 던발 Helen Flanders Dunbar 의 도움을 받아서 『내면세계의 탐색』 The Exploration of the Inner World 라는 저서에서 환자의 종교적 관점과 성향에 대한 항목을 덧붙여진 사례 양식을 소개하였다.

보이슨Boisen 은 기존의 신학적 원리와 목회 실천방법론에 의지하기보다 자신만의 독특한 신학적 이해에 근거하여 사례 해석을 시도하였다. 아스퀴스Asquith 는 보이슨Boisen 이 신학을 종교적 신념에 초점을 두고 연구해야 할 사회과학으로 보았다고 주장하였다. 그는 "보이슨Boisen 에게 신학은 신념 자체에 대한 '진술'statement 보다 '영적 힘'이라고 불리는 종교적 신념에 대한 '연구'study 이다. 이런 의미에서 학문의 여왕이라고 불리는 신학이 생물학적인 차원의 종교적 경험과 관련된 사회과학이 된다."(1990, 224-25)고 하였다.

보이슨Boisen 의 신학은 사례 방법론의 강의에서 뚜렷한 특징을 보인다. 사례는 심리적 증세를 가진 환자의 다양한 경험을 담고 있으며, 그 경험 안에서 살아있는 종교적 신념, 즉 "영적 힘"이 드러나야 할 원리를 포함하고 있다. 나우웬Nouwen 은 학생들이 추론을 통하여 환자의 경험에서 어떤 원리를 구체화시키는 과정을 진단이라고 불렀다. 그는 보이슨Boisen 이 설명한 환자의 심리적 증세와 결합된 경험의 사례에서 특정 원리를 끌어내는 과정이 캐봇Cabot 의 의학적 사례에서 설명된 진단의 과정과 유비된다고 보았다Nouwen, 1968, 58-59. 신학생들은 사례의 진단 과정을 통하여 인간 본성에 대한 더 큰 신학적 이해를 얻게 되고, 교회 공동체에서 고통 받는 성도들을 더욱 깊이 이해하게 된다. 보이슨Boisen 은 "우리는 언제나 인간의 고통을 덜어주고 어려움에 처한 이들을 좀 더 섬세하게 돕도록 목회 돌봄 후보생들을 훈련시킬 방법을 찾는다. 교수는 이런 목적을 위한 연구에 힘을 쏟고 목회 돌봄자들은 현장에서 그 결과물을 사용한다. 양쪽이 긴밀하게 연결되지 않으면 돌봄이 영성의 삶과 관련이 없게 된다"고 말한다Boisen, 1936, 252.

한 마디로 법조계, 의학계 또는 목회 돌봄이라는 각 분야에 따라서 사례 해석에 대한 교육의 내용이 달라진다. 그러나 나는 법학도가 랭델 Langdell 의 방법론을 법률 사례에 적용하고 의학도가 캐봇 Cabot 의 의학적 사례 해석을 통하여 증세를 진단하는 과정보다, 목회 현장을 사례로 기록하기 위해 이론과 현실의 간극을 연결시키는 노력이 더욱 필요하다고 생각한다.

오늘날 현장 중심의 목회 돌봄의 필요성이 요청되는 상황을 볼 때에 보이슨 Boisen 은 임상 목회 훈련을 통하여, 신학이 더이상 이론적인 학문만이 아니라 실제 목회 현장에서 돌봄을 실천하기 위해서 해석될 수 있는 학문으로 이해될 수 있는 시도를 하였다고 볼 수 있다. 임상 목회 훈련의 돌봄 사례는 오늘날 신학적 이론이 목회 돌봄의 현장에 접목되기 위해서 해석이라는 적용의 과정을 거칠 수밖에 없음을 암시하며 보이슨 Boisen 은 그런 시대적 필요성에 부응하였다. 한편 보이슨 Boisen 이후에 임상 목회 훈련이 종합 병원에 보급되면서 심리치료의 목적에 적합하게 구성된 사례양식이 그대로 사용되지 않고 목회 돌봄의 사례기록을 위해서 오늘날 축어록 Verbatim 이라고 알려진 새로운 양식이 발전되었다.

1930년대에 임상 훈련 위원회 The Council for the Clinical Training of Theological Students 가 발족되면서 임상 목회 훈련은 더욱 탄력을 받게 되었다. 그로부터 3년 뒤에 이 위원회는 딕스 Dicks 를 보스톤의 메사추세스 종합 병원의 원목이자 목회 훈련 수퍼바이저 Philip Guiles의 후임으로 로 파견한다. 이때부터 임상 목회 훈련에 사용되던 사례 기록에 대한 표현이 노트 기록 note-writing 에서 축어록 verbatim writing 으로 대체되었다.

# 6. 사례 기록 방법에 대한 강의

딕스Dicks 는 1933년 봄에 메사추세스 종합 병원으로 오기 전에 부르세스터 주립병원에서 캐롤 와이즈 Carroll Wise 보이슨(Boisen)의 제자 의 수퍼비전을 받으며 임상 훈련을 받았기 때문에 보이슨Boisen 의 사례 기록법을 잘 알고 있었다. 그러나 딕스Dicks 이 종합병원의 원목과 수퍼바이저가 되면서, 보이슨Boisen 의 심리치료에 적합한 사례 기록 양식이 목회 돌봄에는 적합하지 않다고 생각하게 되었다 Charles E. Hall, 1922, 22-23.

이때까지 딕스Dicks 는 목회 경험의 의미를 탐색하는 적합한 방법이 무엇인지 확신하지 못하였기 때문에 원목 사역의 효율성에 만족하지 못하였다. 그래서 좀 더 사역의 의미를 찾고 병실 방문 내용의 기록에 적합한 양식을 만들어내려고 고심하면서 환자에게 짧은 질문을 던지고 대답을 듣는 대화 방식을 택하였다. 그리고 그 대화의 내용을 되도록 정확하게 기억해내어서 기록하기 시작하였다. 그는 이런 대화가 환자들의 돌봄에 효과가 있음을 깨닫게 되었다. 이 대화에 대한 기록은 '노트'note 라고 부르게 되었으며 소그룹을 구성해서 신학생들과 노트의 내용을 탐독하고 비슷한 상황에서 어떻게 돌봄 사역을 실천할 것인지 묻는 수업을 진행하였다. 신학생들은 노트에 적힌 사례에 대하여 생각하고 대답을 하면서 임상 훈련의 과정에 더욱 열정을 갖게 되었으며, 딕스Dicks 의 지도하에 자신의 병실 방문의 대화를 노트의 양식으로 기록하게 되었다. 그중에 페어뱅크Rollin Fairbank 라는 학생이 노트에 여백의 공간을 할애해서 수퍼바이저의 평가를 기록할 수 있도록 양식을 수정하였고, 학생들은 이 수정된 양식의 여백에 질문과 평가를 기록하게 되면서 "질문 자체가 노트 기록 못지않게 중요한 가치를 갖고 있다."는 공감대가 널리 퍼지게 되었다(1939, 6-8).

딕스Dicks 는 메사추세스 종합병원에서 근무하는 캐봇Cabot 에게 정기적으로 임상훈련 상황을 보고하였으며 1936년에 『환자에 대한 사역의 기술』The Art of Ministering to the Sick 을 공동으로 집필하여 출판하였다. 바로 이 책의 "노트기록"Note-Writing 이라는 장에서 딕스Dicks 가 개발한 사례 기록 양식에 대한 정의와 설명이 포함되어 있다. 여기에서 캐봇Cabot 과 딕스Dicks 는 노트 기록을 "특정 환자의 방문 후에 그 내용에 대하여 기록하고 방문이 되풀이 되면서 기록을 누적시키고 발전시켜 나가는 과정"(1936, 244)으로 정의하였다. 노트기록은 특정 환자에 대한 한 회기의 방문을 마친 후에 그 방문의 내용을 "점검"하는 기회를 제공한다. 노트 기록의 목적은 환자와 만남의 내용을 점검하고 발전시키는 데에 있다(244).

특히 딕스Dicks 는 캐봇Cabot 의 도움을 받아서 신학생들의 목회실천을 돕기 위하여 의료 사회사업 분야에서 사용하던 사례기록 양식을 발전시킨 노트기록 방법을 제안하였다. 캐봇Cabot 이 의료 사회 사업 분야에서 사용하던 사례 양식은 시간 순서로 기록하고 환자와의 관계가 가장 중요한 기재 사항으로 고려되었다 시간 순서가 중시된 이유는 환자와의 관계가 깊어지고 심리적 발달을 진행되는 것을 잘 파악하기 위해서였다. 캐봇Cabot 과 딕스Dicks 는 목회자가 성도를 대할 때에 사회적 상황이나 경제적 조건보다 개인이 처한 상황에 초점을 두어야 한다는 데에 의견을 일치하였으며 원목 사역이 그 좋은 예라고 주장하였다. 병원에서 환자를 만날 때에 사역자는 기본적으로 환자의 경제적 상황, 가족 등에 대하여 탐색하지만 어디까지나 환자의 심리를 이해하는 데에 목적이 있기 때문에 노트 기록법이 적합하다고 보았다. 다음은『환자에 대한 사역의 기술』 *The Art of Ministering to the Sick* 에서 설명하는 노트 기록법의 다섯까지 요점이다(255-57).

1. 이름, 나이, 성별, 결혼유무, 직업, 가족, 교회구성원, 신체적진단 조건, 예후
2. 면담 사유 : 환자환자의 가족, 환자자신, 의사, 간호사, 사회사업가, 친구 등 에게 관심을 갖게 된 배경 및 배경을 통해 알게 된 문제
3. 첫 면담 소감 : 외모나 그 외의 특징이전에 만난 적이 없는 환자일수록 첫 면담에 대한 소감의 기록이 중요하며 그 후에 매회기 만남에서 관찰 내용이 첨가되어야 함.
4. 주요 내용노트 기록의 중심 : 환자의 이야기를 듣기만 하였는지 아니면 변화를 이끌기 위한 시도를 하였는지의 여부. 환자와의 대화의 내용언어적 표현 및 질문 등 을 최대한 그대로 기록함.
5. 요약정리
    (a) 관련 자료, 관찰된 문제, 환자의 욕구
    (b) 욕구가 충족되었던 방식, 환자가 가지고 있는 자원, 지적능력, 관계 맺는 태도, 신앙
    (c) 면담에 대한 환자의 반응 : 긍정적인지, 부정적인지의 여부

1번 항목부터 3번 항목은 환자와 만나는 상황에 대한 원목의 평가를 포함한다. 4번 항목에서 면담의 내용을 글자 그대로 옮기고, 면담 중에 일어난 일에 대하여 꼼꼼하게 기록한다. 5번 항목에서 1번부터 4번까지의 항목 기록에 대해서 한 번 더 기술한다. 캐봇Cabot 과 딕스

Dicks 는 이 "노트 기록 양식" 이외에 부록A에 또 다른 기록 양식을 실었다. 추가된 양식들은 동일한 환자에 대하여 수차례의 면담 내용을 인용하도록 구성되었기 때문에 노트라고 불리기보다는 개인병력 histories 으로 불린다. 딕스 Dicks 는 그의 노트를 이야기 형식 narrative form 으로 기록하였기 때문에 축어록과 관련 자료들을 읽을 때에 단편 소설을 읽는 느낌을 받게 된다.

위에서 언급한 노트 기록에서 사례의 사실 내용은 환자의 병실에서 나눈 대화에 대한 기억을 기록한 직접 인용으로 구성된다. 사실 내용과 관련되어 구분되어야 할 원칙은 세 부분으로 이루어져있다. 첫 부분은 사역기법으로 불리며, "병실에서 환자에게 행하는"(244-45)사역의 방식을 그대로 기록한다. 예를 들어서, 그런 기술은 "환자의 기분과 태도를 발견하고 변화시키는" 능력이 될 수 있다(245). 캐봇 Cabot 과 딕스 Dicks 는 그런 능력의 부족을 발견하고 향상시킬 수 있는 기술을 강조한다. 두 번째 부분은 이해력으로 불리며 병실에서 환자의 과거 경험, 상상력, 그리고 영적 성숙에 대하여 얻게 되는 "사람에 대한 지식"(247)으로 정의된다. 이 부분에서 이해력을 얻기 위해서 기법이 사용되지만 이해력과 기술이 서로 얽혀있다. 세 번째 부분은 헌신으로 불리며 면담이 지인들의 방문보다 심도 있게 진행되어야 한다고 설명한다.

임상 목회 훈련에서 신학생들은 노트 기록에 대한 집단 토론 시간을 갖는다. 쏜톤 Edward Thornton 은 노트기록을 캐봇 Cabot 의 의학적 진단을 위한 사례방법론을 임상 목회 훈련이라는 새로운 상황 속에서 "명확하게 적용"한 방법론이라고 말한다(1970). 더 나아가서 그는 『환자에 대한 사역의 기술』 The Art of Ministering to the Sick 에서 캐봇 Cabot 과 딕스

Dicks 는 다음과 같은 것을 깨닫게 되었다고 말한다. 면담에서 진단적 추론을 통하여 정보를 얻고 환자를 이해하게 되며 원목의 역량에 따라서 귀납적 추론과 연역적 추론을 통하여 사례의 사실 내용으로부터 발견되는 원리의 질과 양이 결정되며, 노트 기록 양식을 돌봄이라는 새로운 분야의 기록양식으로 발전시켰음을 발견하게 된다고 설명한다. 그들은 의사가 진단 기록을 살피면서 환자와의 면담에서 간과하였던 내용을 발견하게 되듯이, 노트라는 기록을 점검하면서 확실한 도움을 얻게 되었다.

한편『환자에 대한 사역의 기술』The Art of Ministering to the Sick 이라는 첫 저서를 출판한 이후에 딕스Dicks 는 1939년에 원목의 노트를 편집해서 첫 사례집인『당신의 방문』And Ye Visited Me 을 저술하였다. 이 책에서 딕스Dicks 는 "나는 주로 사회사업의 관점에서 사례를 해석하였지만, 지난 6년간 정신과 의사들의 영향을 받아서 어느 정도 정신 병리학의 용어를 다소 사용하였다. 하지만 그보다 분석심리학의 통찰과 기법을 좀 더 많이 사용 하였습니다."(11)라고 말한다.

이 사례집은 병실 안에서 이루어지는 면담의 테두리를 벗어난 노트기록의 첫 발걸음이 되었지만 그럼에도 아직 병원 사역에 초점을 두고 있다. 그러나 동시에 병실 방문을 벗어나서 다양한 현장 중심의 돌봄 사례를 기록하기에 적합한 기록 방법이 발전할 수 있는 기반을 제공하였다.

1940년대에 신학교육과 임상 목회 훈련의 관계를 발전시킬 수 있는 방안에 대하여 광범위한 논의가 이루어졌으며, 임상 훈련이 신학교의 정규 과정으로 정착되었다 Seward Hiltner, 19450. 걸킨 Charles Gerkin 에 따르면 "1940년대 후반에 미국 장로교 주요 교단 신학교는 임상센터에 뿌리를 둔 목회 돌봄과 목회신학 분과가 설립되기 시작"(1997, 67)하였으며 돌봄 사역의 초점이 지역 병원으로부터 목회 현장중심으로 변하고 있었다.

신학교육의 초점이 현장중심으로 옮겨가면서 새로운 사례 기록 양식이 출현하게 되었다. 정신과에서 병원으로의 장소의 변화 자체만으로도 보이슨 Boisen 의 정신과적 진단 양식이 노트 기록이라는 기록 양식의 변화를 가져왔다. 하지만 오늘날 노트기록이라는 용어는 사라졌다. 1940년대에 보고서 report, 또는 축어록 보고서 verbatim report 라는 용어가 흔히 사용되기 시작하였다. 그 이후로 축어록 verbatim 이라는 용어가 딕스 Dicks 의 사례 기록 양식에 대하여 보편적인 명칭이 되었으며 축어록은 오늘날도 목회 돌봄 교육에 영향을 끼치고 있다.

목회 현장에서의 돌봄을 연구할 때에 오늘날까지 축어록이라는 용어가 사용되는 이유는 현대의 다양한 돌봄을 병원 원목의 사역이라는 뿌리와 연결시키려는 관점에서 비롯되었다고 할 수 있다. 다시 말해서 원목이 면담에서 환자와 주고받은 대화가 축어록을 구성하며, 그런 방식이 목회 돌봄 기록에서도 그대로 사용되었다. 면담 기록은 원목돌봄자 과 성도간의 대화가 주요 내용이 된다. 이 대화는 상담기법, 이해능력, 그리고 헌신적 태도라는 도구methods 를 이용해서 성도의 돌봄받고 싶은 욕구를 얼마나 잘 반영해주고 충족시켜주었는지의 여부가 드러난다. 오늘날 다양한 상담도구들이 추가되기도 하고 사라지기도 하지만 위의 세 가지 도구는 여전히 남아있다.

앞에서 살펴보았듯이 노트 기록이 새로운 상황에서 사용되면서 축어록이라는 양식을 낳게 되었고 축어록은 원목과 목회 돌봄의 기록에 모두 사용되었다. 그러나 1940년대 목회 돌봄 교육에서 세 가지의 변화가 일어나게 되었으며 이 변화는 50년대에도 계속 영향력을 끼쳤다. 이 변화의 특성은 사례의 사실 내용facts of the case, 사례의 사실 내용과 연관된 원리the principle associated with the facts of the case, 목회 신학pastoral theology 의 세 가지로 설명할 수 있으며 원목 사역보다 목회 돌봄과 더욱 관련이 있다고 이해되었다.

## 8. 축어록의 등장

많은 사람들에게 목회 돌봄과 상담pastoral care and counseling 이라는 표현이 널리 알려지면서, 이 표현은 '영혼의 치료'cure of souls 의 의미를 대체하게 되었다. 보이슨Boisen 은 '영혼의 치료'cure of souls 라는 표현을 영적 치유spiritual healing 란 표현 대신 사용하였다(1936, 238). 그러나 캐봇Cabot 이나 딕스Dicks 는 처음부터 '영혼의 치료'cure of souls 라는 표현을 사용하지 않았으며 "사역자가 환자를 돌본다."라는 관점을 강조하기 위해서 "사역자의 병실 방문"이라는 표현을 사용하였다(1936, 20쪽과 196쪽). 19세기 후반과 20세기 초에 사역 work 은 1898년에 출판된 글래든 Washington Gladden 의 『기독교 목회자와 사역하는 교회』 The Christian Pastor and the Working Church 에 나와 있듯이 특별히 목회현장의 사역을 의미하게 되었다. 처음에 캐봇 Cabot 과 딕스 Dicks 는 사역의 범위를 병원에 입원한 환자와의 면담에 국한시켰다(1936, 197). 그러나 1940년대 후반과 50년대 초반에 딕스 Dicks 가 사역 work 의 장소를 병원에서 개개의 성도들을 돌보는 목회 현장으로 옮기면서 목회사역 pastoral work 이라는 표현이 현장 중심의 돌봄 사역에 대한 대표적 표현이 되었다. 한편 1940년대에 목회사역은 목회자와 성도 부부, 가족을 포함 간의 돌봄을 위한 대화를 포함하게 되었으며, 점차 사역과 상담이 연결되면서 오늘날 목회 돌봄과 상담 Pastoral care and counseling 이라는 분야가 형성되었다. 『기독교 목회자와 사역하는 교회』 The Christian Pastor and the Working Church 에는 목회 돌봄과 상담이라는 두 개념이 잘 어우러져서 설명되었으며 1944년에 출판된 딕스 Dicks 의 『목회사역과 개인상담』 Pastoral Work and Personal Counseling 은 현장을 중심으로 하는 돌봄 사역의 모델에 대하여 광범위한 이해를 제공한다.

딕스 Dicks 는 병원 원목과 임상 목회 훈련 수퍼바이저의 경험을 토대로 현장 중심의 목회 사역의 분야를 여는 선구자의 역할을 감당하였다. 종교적 관점에서 볼 때에 그는 목회 사역을 영적 과업 spiritual task 으로 바라보아서, "목회 사역에서 성직자는 개인 내면의 영적인 힘을 발휘되도록 도와서 고통을 덜 느끼게 하고 영적으로 성장하도록 돕는 임무를 수행한다."(1944, 5-6)고 말한다. 동시에 그는 목회 사역이 "현대 심리학의 조명 하에 새로운 의미를 나타낸다."고 말함으로써 목회 사역에 당시의 정신치료에 사용되던 심리학의 도움을 받을 수 있다고 하였다. 그러나 당시의 사역자들이 심리학의 '조명'을 받아서 목회 돌봄을 실천하는 데에 익숙하지 않다고 말하였다.

딕스Dicks 에 의하면 목회 사역은 두 가지 방식으로 이루어져야 한다. 첫째, 목회 사역은 교회성도들의 삶의 현장집, 병원, 직장, 거리 과 전화 요청 calling 에 부응하여 방문하고 면담하는 방식으로 진행되어야 한다. 사역자는 요청받는 모든 곳을 찾아가야 한다(23). 성도의 요청 calling 이 목회 사역의 중심이 된다. 원목같이 임상 훈련을 받은 사역자는 언제나 성도의 집에 방문해서 돌봄을 제공할 준비가 되어있어야 한다. 둘째, 목회 사역은 목양실로 찾아오는 성도들에게 개인적인 돌봄에를 들어 개인상담 의 방식으로 제공되어야 한다(vii). 딕스Dicks 는 거의 언제나 두 가지 방식 성도 개인의 요청에 초점을 두면서 심리학을 이용 을 강조하는 목회 사역을 강조하였으며, 다만 첫 번째 목회 사역은 찾아가는 상황이며, 두 번째 사역은 맞이하는 상황이라는 차이가 있다고 말한다.

제2차 세계 대전이 끝나고, 냉전이 시작된 이후에 딕스Dicks 는『목회사역과 개인상담』Pastoral Work and Personal Counseling 의 수정판을 출판하였으며 그 책에서 구체적 모델을 제시하여 목회 돌봄이라는 새로운 용어의 출현을 확고히 하였다. 1947년에 "목회 돌봄"Journal of Pastoral Care 이라는 학술지의 탄생은 40년대 중반을 지나면서 목회 사역과 구분되는 목회 돌봄이라는 용어가 서서히 정착하도록 일조하였다. 그는 "목회 돌봄은 종교만큼 오랜 역사를 통하여 개인을 도왔으며 영혼의 목양, 즉 영혼의 치유라는 전통 속에서 그 의미를 찾을 수 있다."(vii)고 말한다.

한편 1944년에『목회사역과 개인상담』*Pastoral Work and Personal Counseling* 의 초판이 발행된 이후에 힐트너 Hiltner 는 1949년과 53년에 각각 출판된『목회상담』*Pastoral Care* 과『목회 돌봄의 심리학』*Psychology of Pastoral Care* 에서 딕스 Dicks 의 모델을 설명하였다. 그리고 1951년에 캐롤 와이즈 Carroll Wise 는 자신의 저서에서 "목회자가 성도에게 찾아가는 사역을 소명이라고 부른다면, 성도가 목회자에게 찾아오는 경우를 상담이라고 구분할 수 있다."(170)는 딕스 Dicks 의 저서의 일부 내용을 그대로 인용하였다.

딕스 Dicks 의 주도로 돌봄의 초점이 병원으로부터 목회 현장으로 옮겨오는 움직임과 궤를 맞추어서 축어록의 기록도 변화를 맞이하게 되었다. 목회 현장이라는 배경에서 목회자와 성도의 대화는 두 가지 유형의 확장을 겪게 되었다. 첫째, 돌봄이 더이상 병원의 상황에 국한되지 않기 때문에 사례의 사실 내용은 질병과 관련이 없어 보이는 다양한 삶의 현장에서 개인, 커플, 그리고 가족을 포함하게 되었다. 둘째, 목회 사역이 소명과 상담이라는 두 분야로 구분되었기 때문에 사례의 사실 내용도 소명과 관련된 경우와 상담과 관련된 경우로 나누어지게 되었다. 결국 소명과 상담으로 목회 사역을 구분하게 되었고 그 구분에 따라서 돌봄의 현장이 다양하다는 사실을 인식하게 되었지만 1949년에 힐트너 Hiltner 의『목회상담』*Pastoral Care* 이 출판되기까지 이런 특성에 대한 논의가 구체화되지 않았다.

## 9. 돌봄 사례에 대한 원리의 변화

힐트너Hiltner 는 딕스Dicks 처럼 임상 목회 훈련을 받았다. 홀Hall 은 "보이슨Boisen 이 직접 힐트너Hiltner 에게 임상 훈련을 권하였으며 힐트너Hiltner 는 1932년에 펜실베니아주 피츠버그시의 외곽에 있는 메이뷰Mayview 병원에서 비티Donald Beatty 의 수퍼비전이 포함된 임상 훈련 프로그램에 참여하게 되었고, 이듬해에는 우스터의 병원에서 훈련을 받게 되었다."고 말한다(1992, 29).

1940년경에 힐트너Hiltner 는 보이슨Boisen 의 사례 양식에서 벗어나서 딕스Dicks 의 사례 양식을 선택하여 신학교의 목회 상담 교육에 사용하기 시작한다. 『목회상담』Pastoral Care 에서 힐트너Hiltner 는 사역의 현장을 기록한 사례에 근거를 둔 목회 상담 방법론을 설명한다.● 비록 그는 보고서report 라는 용어를 사용하지만, 사회사업가와 로저스Rogers 와 같은 심리치료사가 사례에 대하여 사용하였던 면접interview 이란 용어를 주로 사용하였으며, 그때까지 소명으로 이해되던 목회사역을 목회 상담의 관점에서 바라보기 시작하였다.

힐트너Hiltner 가 가르친 목회 상담 방법론에서 사례의 사실 내용은 여전히 사역자의 기억에 의존한 대화를 담고 있지만, 『목회 상담』pasto-

---

● John W. Drakeford는 Wayne E. Oates가 편집한 『목회 상담 입문』(*An Introduction to Pastoral Counseling* [Nashville: Broadman Press, 1959])의 "목회 상담을 배우기"(Ways to Learn Pastoral Counseling)의 189쪽에서, Hiltner가 『목회상담』(*Pastoral Care*)의 제2장에서 설명한 교육 방법은 William U. Snyder이 『비지시적 상담 사례집』(*Casebook of Non-Directive Counseling* [Boston: Houghton Mifflin, 1947])에서 정리한 방법론에 기초한다고 강조하였다.

*ral Counseling* 의 두 번째 장에서 딕스Dicks 의 방법론을 그대로 받아들였다. 세 번째 장에서는 역동 심리학dynamic psychology 을 포함한 보이슨Boisen 의 유형도 소개한다. 또한 그의 자서전적인 논문에서 보이슨Boisen 과 딕스Dicks 의 원리가 딕스Dicks 의 사례 기록 양식으로 통합된 방법에 대해서 "나는 보이슨Boisen 에게서 심리 역동을 이해하고 흔들림이 없이 신학적 관점을 유지하려는 태도를 배웠으며 딕스Dicks 로부터 면담의 시작, 탐색의 기법 그리고 대화의 내용을 이해하는 방법을 터득하게 되었다. 나는 유니온과 예일에서 처음으로 이 두 요소를 결합하여 가르치기 시작하였으며, 그 내용을 『목회 상담』*pastoral Counseling* 으로 저술하였다.(1980, 92)"고 말한다.

힐트너Hiltner 는 회기가 길어지는 인터뷰의 내용을 정리하기 위해서 내용의 일부를 발췌하는 방법을 선택하였지만 이 방법을 적절히 설명하지 않아서 구체적인 원리를 나타내지 못하였다(1949, 80-94). 다시 말해서 딕스Dicks 나 로저스Rogers 가 연속되는 인터뷰의 가치를 발견한데 비해서 힐트너Hiltner 는 인터뷰가 반복되는 상황 자체에 대해서 어떤 의미를 밝히지 않았다(1949, 34, 80). 그러나 그는 로저스Rogers 의 영향을 받은 상담 기법에 근거해서 면담을 통한 인터뷰에서 내담자의 마음에서 원리를 이끌어내는 심리 치료적 반응을 가르쳤다.

힐트너 Hiltner 는 『목회신학』Pastoral Theology, 1558 의 서론에서 목회신학을 정규 신학 훈련 과정으로 설명하였다. 그는 목회 신학자는 목양의 관점에서 "교회와 사역자가 실천하는 모든 사역"(1958, 20)을 검토하고 밝혀진 내용을 반추 reflection 해야 하는 의무를 맡고 있다고 말하였다. 이러한 목회 신학의 작업에는 개념정의와 설명, 신앙과 문화의 대화 그리고 사례 해석과 같은 많은 요소들이 필요하다. 힐트너 Hiltner 는 "목회신학은 신학적 질문으로 시작해서 신학적 답으로 종결되며, 그 과정에서 목회자와 교회의 모든 행동을 기독교의 목양의 관점에서 검토하는 과정이다."(24)라고 정의한다.

목회신학에서 목양 Shepherding 의 개념은 소명이나 상담을 통한 사역뿐만 아니라 당시 싹트고 있는 목회적 돌봄이라는 용어까지 포함하게 되었으며, 이런 경향은 '관점' perspective 이라고 불리는 새로운 사역의 모델을 형성시켰다. 이 모델 안에는 목양자 shepherding person, 복음적 의사소통 communicating the gospel, 그리고 성도의 친교 형성 organizing the fellow-ship, or congregation 이라는 세 가지 관점이 있다. 목양의 관점은 도움을 청하려는 성도와의 관계에서 목회자가 보여주는 "자상하고 따뜻한 관심"의 태도를 포함한다. 힐트너 Hiltner 는 목양을 치유 healing, 지탱 sustain-ing 그리고 안내 guiding 로 나누었다. 치유는 선한 사마리아 인의 비유에 나오듯이 "상처 싸매어주기"를 뜻한다. 지탱은 애도와 같이 치유가 곧바로 일어날 수 없는 상황에서 "함께 있어주기"를 통한 위로를 뜻한다. 안내하기는 특히 윤리적이고 영적인 문제와 관련해서, "방향과 길"을 발견하도록 돕는 도움을 뜻한다(16-18, 69).

목회 신학에서 사례들은 목양의 관점에서 사역자와 교회가 실천하는 '모든 사역'을 검토하는 수단이며 목회신학을 실천의 단계로 이끄는 역할을 한다. 한편 힐트너 Hiltner 가 사용하는 사례에는 의문의 여지가 있다 그가 가장 많이 사용하는 사례는 그 당시의 것이 아니라 19세기 중반의 배경에서 목회자와 성도—가족 포함—가 주고받은 대화의 발췌문이며 그는 발췌문을 축어록처럼 사용하였다. 그의 저서에서 '사례'라고 이름 붙여진 장에서 갑작스러운 과거로의 행보의 흔적이 남아있다.

자신이 살던 시대의 다양한 사례를 사용해서 사역자와 교회의 '모든 사역'을 표현하는 것이 보다 이상적일 것 같지만, 힐트너 Hiltner 는 자신이 살던 때보다 이전 시대의 대화가 담긴 축어록을 사용하면서 "목회자와 성도간의 대화, 설교, 종교교육, 집단모임" 등이 치유의 효과가 있다고 강조한다(1958, 115). 그는 신앙생활의 다양한 양상이 "목양의 관점에서 치유를 가져오는 목회 활동의 연구"(115, 또한 Rodney J. Hunter, 1990, 68을 참고하라)를 위해서 검토되어야 한다고 덧붙여 말한다.

힐트너 Hiltner 가 축어록을 넘어서지 않았기 때문에 목회 신학에서 사례의 사실 내용은 기억에 의하여 목회자와 성도가 주고받은 대화의 기록으로 남아있게 되었다. 그러나 치유, 지탱 그리고 안내라는 목양 방법론은 사례의 사실 내용에서 발견되어야 할 세 가지 역동의 원리 dynamic principle 에 속한다. 그는 이미 1949년에 『목회상담』Pastoral Counsel-ing 에서 이 세 가지 방법론을 소개하였고, 이후의 저술(1958, 151-61, 232, 미주1번)에서도 이 방법론을 언급한다.

축어록 양식이 병원의 임상적 진단을 위한 신학교의 돌봄 교육으로 사용되면서 현대 목회 돌봄 교육에서 많은 사례들이 사용되었다. 실제로 사례 기록 방법의 교육에서 사례집이 교과서와 강의를 대치하게 되었고 강의실에서 사례에 대한 토론이 진행되었다. 이런 방향의 교육을 준비하기 위해서 교수들은 세분화된 목회 돌봄의 주제에 따라서 미리 사례를 준비하게 되었다. 학생들은 학기 중에 자신의 사례를 직접 기록해보고, 다른 학생들의 축어록도 읽으면서 신학교의 돌봄 교육 강의에서 교과서와 축어록이 병행되어 사용되었다..

드디어 20세기에 목회 돌봄 분야에서 상담 사례집이 출판되었다. 딕스Dicks 의 원목 사역에 대한 최초의 사례집『당신이 저를 방문하였습니다』And Ye Visited Me 와 힐트너 Hiltner 의『상담과정에서의 상담자: 목회 상담의 사례 노트』The Counselor in Counseling: Case Notes in Pastoral Counseling, 1950 사례집은 연구 가치가 높은 사례들이 실려 있다. 가장 광범위한 목회 상담 사례집은 크라이어 Newman Cryer 와 베이힌저 John Vayhinger 가 편집한『목회상담 사례』Casebook in Pastoral Counseling, 1962 이다. 그들은 이 책을 통해 "목회 상담의 수준이 향상되면서 보다 양질의 사례집이 출판되었으며 사역자들과 사역자의 훈련을 받는 학생들에게 도움이 되기를 소망한다."(17)고 말하였다. 20세기 말에는 축어록이 목회 돌봄과 상담학 교제에서 이론을 설명하기 위한 예로써 설명되었다.

목회 돌봄과 상담에서 축어록도 시간의 흐름에 따라 그 위상의 변화를 겪게 되었다. 그 변화는 목회 돌봄의 형태가 반드시 목회자와 개인의 면담만으로 이루어지지 않는 현실에서 시작되었다. 걸킨은 "대화만으로 돌봄이 이루어질 수 없다는 사실이 중요하다. 예를 들어서 성찬식의 참여를 통하여 공동체와 깊은 유대감을 경험하게 되는 방식으로 돌봄이 이루어지기도 한다. 또한 목회자의 안수기도, 온 몸을 물에 담그는 침례를 통해서도 돌봄이 일어난다. 찬양을 통하여 돌봄 받고 싶었던 욕구가 충족되기도 한다. 기도를 하면서 성령이 주시는 은혜의 돌봄을 경험할 수도 있다"(1997, 82)고 말한다.

그러나 걸킨도 힐트너 Hiltner 처럼 그런 돌봄을 연구하는 방법을 제시하지 않았다. 어느덧 20세기 말에 목회 돌봄과 상담에서 사회, 문화, 경제 그리고 정치적인 분야에서 인간이 겪는 고난이 축어록과 관련된 원리를 변화시켰다. 보이슨 Boisen 은 인간 고난의 사회적 차원을 잘 인식하고 있었고 종교의 사회학에 관한 책을 저술하였다. 캐봇 Cabot 은 미국 내에서 의학 사회사업의 기반이 형성되도록 도왔고 사회사업의 사례 모델이 노트 기록 형식의 발전에 공헌하였다. 캐봇 Cabot 과 딕스 Dicks 는 인간의 사회, 문화, 경제 또는 정치적 상황에 대하여 잘 몰랐지만 고난을 받는 병원의 환자들에게 깊은 관심을 보였다. 어느 시대에나 고통 받는 인간들에 대하여 관심을 가진 사람들이 있었지만 특히 20세기 말의 목회 신학자들은 심리학적이고 영적인 측면에 초점을 두고 개인에게 관심을 가졌다.

사회 과학의 관점에서 인간 고난에 대한 탐색이 축어록과 관련된
전통적 원리에 새로운 원리를 추가시켰다. 예를 들어서, 목회 돌봄과
상담에서 가부장제 때문에 고통을 받는 여성과 관련하여서 심리 역동
의 원리가 더욱 빛을 발하게 되었다. 목회 돌봄과 상담의 초점이 개인,
커플 그리고 가족에 머물러있지만, 점점 더 축어록이 인간의 고난과
관련된 사회, 문화, 경제 그리고 정치적 요소를 설명하는데 적합하지
않는 듯이 보였다. 포스트모던 신학, 성적 이슈 그리고 다문화적 이슈
의 물결이 목회 돌봄과 상담에 영향을 주었기 때문에 1990년대의 마
지막 10년 동안에 축어록에서 다양한 화법이 발견되었다. 이런 현상
은 목회심리치료가 필요한 내담자들의 도래를 의미하였다. 그러나 목
회 돌봄과 상담에서 다양한 이슈가 등장함에도 현장 중심의 목회 돌
봄의 필요성에 대하여 별로 주목하지 않았다.


## 13. 새로운 사례 형식의 필요성


최근에 슈타인 호프 스미스 SteinhoffSmith 는 『돌봄의 상호성』 The Mutu-
ality of Care, 1999, 198-210 에서 전통적 양식보다 좀 더 세밀한 항목을 갖춘
새로운 목회 돌봄 사례 양식을 제시하였다. 이와 관련하여서는 다음
장에서 풍부한 목회 돌봄의 내용을 기록하고 해석하기가 좀 더 적합
하다고 생각되어서, 그가 제시한 것 보다 조금 더 개선된 양식을 설명

하려고 한다.

현장 중심의 목회 돌봄을 배우기 위해서 새로운 사례 양식이 필요한 이유는 무엇인가? 그 이유는 딕스 Dicks 가 보이슨 Boisen 의 양식을 변경하게 된 상황에서 찾을 수 있다. 한 마디로 사례가 만들어지는 상황의 변화 때문이다. 병원에서 사용된 양식이 상담 센터라는 변화된 상황에 맞게 개선되어야 했듯이 현장 중심의 목회 돌봄을 위하여 돌봄 사례 기록 양식이 보다 적합하게 변경되어야 했다. 예를 들어서 원목은 병실에서 환자와 면담을 하게 되지만 목회자가 성도를 만나는 장소는 교회, 상담 센터 또는 다양한 일상의 현장이 될 수 있기 때문이다.

이런 상황의 변화는 사례가 기록되는 배경의 다양성을 반영한다. 다시 말해서 병원이라는 임상현장에서 기록된 축어록과 상담 센터에서 기록된 축어록의 특성이 다르다. 또한 상담 센터의 축어록과 성도들의 다양한 일상생활의 현장의 특성을 반영하는 축어록의 특성이 다르다. 축어록은 돌봄 현장의 욕구와 방식의 차이에 따라 그 특성이 결정되기 때문이다. 현대에는 삶의 모든 현장 자체가 사례에 기록되는 상황이 되기 때문에 현장 자체를 중시하는 돌봄의 특성이 사례의 사실 내용에 반영되지 않으면 사례의 사실 내용에서 추론되는 돌봄의 원리는 성도의 실제 삶과 관련이 없는 추상적 원리가 될 가능성이 높아진다.

요컨대 사례의 기록과 해석은 목회 돌봄을 배우는 가장 효과적인 방법이기 때문에 현대의 목회 돌봄자는 병원이나 상담 센터를 넘어서서 성도들의 다양한 삶의 현장을 방문하고, 대화를 나누는 모든 경험이 생생하게 담긴 사례를 기록해야 할 필요성을 느껴야 한다. 이런 관점에서 과거와 다른 돌봄 기록 양식이 필요하며 다음 장에서 현장 중심의 돌봄을 기록하기에 적합한 사례 양식을 제안하려고 한다.

제3장

# 목회 돌봄 사례의 구체화

새로운 돌봄 양식은 단순히 기록 형식뿐만 아니라 새로운 기준이
필요한 현실의 변화를 뜻한다. 오늘날 목회 돌봄자는 다양한 돌봄 상
황을 맞이할 때마다 그 상황에 맞는 적합한 돌봄 기록자라는 정체성
의 관점에서 돌봄의 내용을 이해해야 하고 사례로 기록하는 창조적
태도를 갖추어야 한다. 다양한 현장 중심의 목회 돌봄에 따른 특성을
살려서 사례로 기록하고 다시 그 사례를 해석하면서 한층 현장에 민
감한 목회 돌봄을 익히게 되고, 결과적으로 현장 중심의 사역에 보다
충실해 질 수 있다. 나는 여기에서 한 걸음 더 나아가서 그 과정에서
목회자가 보다 깊은 자기 이해와 통찰을 얻어야 한다고 주장한다. 이
런 관점은 뒤에서 다루게 될 것이다.

나는 이러한 취지에 따라서 새롭게 만들어진 사례 기록 양식을 목
회 돌봄 사례 pastoral care case 라고 부르고자 한다. 목회 현장에서 목회자

가 경험하는 돌봄은 원목이나 심리치료사의 돌봄과 내용이나 특성이 다르다. 따라서 목회 현장의 돌봄 경험을 있는 그대로 기재하도록 돕기 위해서 새로운 양식을 고안하게 되었다. 이 양식은 특정 목회 현장에서 돌봄을 수행하는 사역자가 그 상황을 가장 잘 이해하며 그만큼 최적의 돌봄을 제공할 수 있다는 신념을 전제로 구성되었다. 더불어 목회 돌봄 사례를 검토하는 연구자들이 다양한 목회 현장의 독특한 돌봄 상황을 보다 깊이 이해해서 가장 적절한 돌봄 방법을 배우게 돕는 유익도 있다. 법학분야에서 사례 교육을 통하여 법적인 문제가 발생하는 상황 속에 어떤 법적 원리가 숨어있는지 이해할 수 있는 능력을 배양되듯이 현장 중심의 목회 돌봄 사례의 기록과 그 해석을 통하여 목회자는 각 상황의 독특성과 피돌봄자의 충족되어야 할 욕구를 민감하게 파악하고 가장 필요한 돌봄을 제공할 역량을 갖추게 될 것이다.

# 1. 돌봄 사례 기록의 교재화

캐봇Cabot 과 딕스Dicks 는 삶의 다양한 상황 안에서 이루어지는 돌봄의 특성을 최대한 살리면서 내용을 기록하고, 그 기록을 다시 관찰할 수 있는 교육 체계의 정착을 이끌었다. 그런 움직임은 목회 돌봄 기록에 의해서 가능해졌다. 목회 돌봄 기록은 돌봄이 이루어졌던 상황의 분위기, 정서적 경험 그리고 기억을 일깨우고, 그 상황에 대하여 깊은 분석을 할 수 있도록 이끈다. 그 분석을 기록을 통하여 남기도록 도우며, 그 해석은 독특한 상황 속에서 베풀어진 돌봄의 원리를 익힐 수 있도록 돕는다. 나는 돌봄 사례 기록을 해석하고, 그 의미를 발견하고, 의미에 대하여 토론하며 돌봄 사역에 대하여 배우는 과정을 새로운 교제를 창출creating 하는 것과 동등한 가치를 지닌다고 본다. 더 나아가서 사례의 해석 과정은 단순히 지난 과거의 사건을 살펴보는 차원을 넘어서 그 이면의 숨겨진 의미, 욕동 및 신앙적 관점 등을 탐색하는 유익을 준다.

목회 돌봄 사례의 가장 기초적인 자료는 목회 현장에서 이루어지는 목회 돌봄 사역에서 얻어진다. 현장 중심의 목회 돌봄은 목회 상담 센터에서 이루어지는 심리치료나 병원 등의 의료기관에서 시행되는 원목의 돌봄과 분명히 다르다. 목회 현장에는 평신도 돌봄, 공동체 돌봄 그리고 돌봄을 위한 설교와 예배 등의 분야가 있으며, 이런 분야의 돌봄은 회기중심으로 이루어지는 상담 센터의 돌봄과 그 방식이 다르다.

좀 더 구체적으로 몇 가지로 나누어 설명할 수 있다.

첫째, 돌봄자로서 목회자와 피돌봄자로서의 성도의 관계는 상담 센터에서 돌봄자인 상담사와 피돌봄자인 내담자와의 관계, 또는 병원에서 돌봄자로서의 원목과 피돌봄자로서의 환자의 관계와 분명히 다르다. 기본적으로 목회자는 목양관계라는 틀 안에서 전체 성도를 돌보게 되기 때문이다. 목회자와 성도의 관계는 교회라는 울타리 안에서 끈끈하게 연결된 그물망 같이 얽혀 있으며, 그 그물망과 같은 조직 속에서 돌봄자로서의 목회자가 성도개인 또는 공동체 의 돌봄 요청에 대하여 어떻게 반응하는가의 여부가 돌봄 관계에 영향을 미치게 된다.

원목이 만나는 환자는 한 번의 면담이후에 그 다음 날에 퇴원해서 면담관계가 단회기로 종료될 수도 있다. 상담 센터에서 내담자의 면담도 상담 시간에만 상담실에서 이루어지는 경우가 대부분이다. 그에 비해서 목회자와 성도의 돌봄 관계는 오랜 시간동안 지속된다.

셋째, 목회자와 성도의 돌봄은 다양한 방식으로 이루어진다. 예를 들어서, 교회 위원회의 구성원으로 만날 때에 서로 동등한 권리를 행사하는 관계가 된다. 교육 시간에는 가르치는 이와 배우는 이의 관계가 되기도 한다. 예배를 드릴 때에 예배 인도자말씀 선포자의 역할도 포함 와 예배에 참석해서 말씀을 듣는 관계로 바뀐다. 함께 저녁식사를 하거나 파티에 참여할 때에는 비교적 자유롭게 이야기를 주고받는 사이가 될 수도 있다. 따라서 목회자와 성도는 상황에 따라 권위적 관계에서 평등한 관계에 이르기까지 다양한 관계를 경험하며 상대방에 대하여 깊은 관심과 이해를 나누는 관계로 발전하게 될 수 있다. 만약 목회자나 성도 중에서 어느 한 쪽이 상대방과의 관계에 대해서 특정 상황의 관계를 다른 상황에 기계적으로 고정시켜서 적용하려고 하는 경우예를 들어서 위원회의 동등한 관계를 모든 경우에 적용 에 갈등이 발생할 수 있다.

넷째, 목회자는 여러 성도들의 이해관계가 복잡하게 얽힌 돌봄 상황을 맞이하기도 한다. 예를 들어 불편한 관계에 있는 두 성도 모두 동일한 목회자를 찾아와서 상대방으로부터 아픔을 겪고 있다고 말할 때에 한 목회자가 그들을 모두 돌보아야 하는 입장에 놓일 수 있다. 이런 특성이 다음과 같이 한층 좀 더 복잡한 상황으로 발생할 수도 있다. 어떤 성도가 목회자에게 자신의 남편이 성가대 지휘자와 부적절한 관계를 맺고 있다고 목회자에게 고민을 털어놓는다. 그런데 얼마 후에 성가대 지휘자의 남편이 은밀히 찾아와서 자신의 아내가 교회에 출석하는 어떤 남자 성도와 성적인 관계를 맺는 듯이 의심된다고 괴로움을 토로한다. 그리고 이 사건에 연루된 두 가정의 자녀들도 교회에 출석하고 있어서 사건의 내막이 소문날 경우에 두 가정의 자녀들이 상처받게 될 우려가 있다고 가정해 보자. 목회자에게 찾아온 두 사람 중에 누군가는 교회의 친한 친구에게도 이미 어려움을 털어 놓았을 수 있다. 성가대원들 중에 이 일을 눈치 채거나, 몇몇 친한 성도에게 은밀하게 이야기 했을 수도 있다. 위와 같은 상황을 가정해 보면 목회자는 공동체 전체를 돌보아야 하지만 동시에 성도 개개인의 아픔을 돌보아야 하는 상황을 맞이하게 된다. 다시 말해서 목회자가 전체 공동체를 돌보아야 하는 역할과 각자의 입장과 욕구를 가진 개인 성도들도 돌봐야 하는 역할을 모두 감당해야 하기 때문에 복잡한 돌봄 상황이 발생한다. 이때에 목회자는 돌봄 사례의 기록자로서 상황에 대하여 전체적인 시각을 유지하면서도, 세부적인 관점도 놓치지 않고 파악하고 기록할 수 있어야 한다.

위에서 언급한 상황은 현장 중심의 목회 돌봄 사례안에 다양한 돌봄적 관점이 포함될 수 있음을 일깨운다. 다양한 관점의 파악을 아우르는 사례 기록은 더욱 효과적으로 목회 돌봄을 실천하도록 돕는 교제의 역할을 한다. 따라서 현장 중심의 돌봄 사례의 특성을 잘 이해하는 사례 기록자는 다양한 목회 돌봄의 상황을 거시적으로 보면서도 세세한 미시적인 관점들을 파악하면서 두 관점을 아우르는 사례를 기록하게 된다.

현장 중심의 목회 사례는 교육적 효과와 더불어 독특한 의미의 세계를 드러낸다. 예를 들어서 미스터리 살인 사건의 이야기를 읽을 때에 그 이야기는 가상의 세계 속에서 진행되지만 독자의 내면에서 그 이야기가 마치 실제 현실에서 일어나는 듯이 경험되기 때문에 독자는 긴장을 느끼며 스토리를 읽게 된다. 목회 돌봄의 사례를 읽는 이들도 동일한 경험을 하게 된다. 어떻게 보면 돌봄 사례는 개인적으로 충족되기를 원하는 욕구를 지닌 피돌봄자들의 의미의 세계가 한데 어우러져서 더 큰 의미의 세계를 형성하기 때문에 마치 다양한 관점의 내러티브가 씨줄과 날줄처럼 얽혀있는 문학작품이 된다.

## 2. 종교 문학의 특성을 갖는 돌봄 사례

나는 목회 돌봄 사례를 하나의 독특한 유형의 문학으로 보기를 권한다. 문학에서 시와 소설이 구별되듯이 돌봄 사례양식도 다른 장르의 문학과 구별되며 특히 종교 문학의 장르religious genre 에 속한다. 돌봄 사례는 교회 공동체를 대상으로 장기간 진행되는 돌봄에 대한 기록이라는 종교적 특성을 가지고 있다. 따라서 해석을 통하여 사례에서 드러내는 의미도 종교적 성향을 보인다. 다음 장에서 이 의미를 좀 더 자세히 다룰 것이다.

목회 돌봄 사례를 종교 문학으로 보게 되면 돌봄 사례가 드러내는 의미는 종교적이기 때문에 사례를 성서에 나온 담화의 형식과 유비시켜 이해하는 것이 도움이 된다(1984, 21-24). 리꾀르Ricoeur 는 성서가 다양한 장르의 문학으로 구성되어 있으며 각 장르는 내러티브, 예언, 시편의 시 그리고 지혜문학 등으로 분류되지만 그럼에도 궁극적 실재인 하나님을 언급하는 공통점을 갖는다고 말한다. 동시에 그는 성서의 특정 장르에서 하나님을 묘사할 때에 다른 장르와 구별되는 독특성을 가진다고 덧붙여 말한다. 리꾀르 Ricoeur 는 이런 특성을 음악적 상상력을 사용해서 "하나님은 유일하시지만 그 분은 다양한 특성으로 표현된다. 음악으로 비유하자면, 한 가지 곡조가 아니라 다양한 화음으로 연주되는 곡과 같다"(1979, 220)고 말한다. 그의 예를 따르면, 출애굽기에서 "단오하게 행동하시는 하나님"의 목소리가 느껴진다(1980, 77-81). 그러나 예언서에서 하나님의 목소리는 "예언자의 연설 속에서 간곡한 어조로 말씀 하신다"(1980, 75).

성서의 여러 장르속의 각 담화가 하나님의 목소리를 독특한 목소리로 묘사하듯이 각각의 목회 돌봄 사례도 독특한 색깔을 지닌 문학으로써 다른 사례와 구분되는 돌봄의 특성을 보여준다. 각 돌봄의 사례의 배경이 동일할 수 없기 때문에 구체적인 돌봄 방법도 다양할 수밖에 없다.

또한 성서와 돌봄 사례의 유비가 가능한 이유는 신약의 복음서에 나온 내러티브 형식, 등장인물, 그리고 줄거리 시작과 전개와 끝을 포함 등의 요소가 사례에 등장하기 때문이다. 따라서 한 복음서 안에서 다양한 내러티브가 관찰되듯이 하나의 사례에서도 반드시 하나의 내러티브만 발견되지 않는다. 예를 들어서 복음서 안에 예수의 비유, 지혜의 말씀, 하나님 나라에 대한 선포 등의 다양한 주제가 발견되듯이 돌봄 사례 안에서도 의미상으로 십자가에 못 박힘, 부활, 고난과 소망, 깨어진 관계의 회복과 애도로부터의 위안, 바리새인과 같은 교인들, 심판이 지나가기를 기다리며 인내하는 교인들의 이야기와 유비될 수 있는 경험이 담겨있다. 따라서 사례를 꼼꼼하게 읽어보면 지혜문학의 화자에

게서 느껴지는 돌봄자의 반응 예를 들어서 넌지시 이야기하지만 비유와 같이 심오한 의미
가 담긴 권유, 예언서에서 안타까운 심정으로 백성들에게 말씀하시던 하
나님의 심정과 비슷한 돌봄자의 심정 등이 곳곳에서 발견될 수 있다.
다음의 이야기는 여러 관점이 얽혀있는 목회 돌봄의 특성을 잘 설명
한다.

모 교회에서 목회자가 매주 한 소그룹의 성경공부를 이끌었는데,
그는 성서를 읽고 본문의 주제와 관련된 구성원들의 삶의 경험을 나
누는 방식으로 모임을 진행하였다. 그런데 구성원 중에 한 달 전에 손
자가 뇌종양을 앓고 있다는 진단을 받은 할아버지가 있었다. 그 할아
버지는 가슴 아픈 사연을 소그룹 모임에서 살짝 내비쳤고 소그룹은
할아버지의 사연에 관심을 보였기 때문에 목회자는 할아버지의 이야
기를 듣고 위로하는 방향으로 소그룹의 모임을 이끌게 되었다. 한편
할아버지의 이야기를 다 듣고 나서 소그룹의 구성원들은 다양한 반응
을 보이게 되었다. 구체적으로 소그룹의 반응은 잠언과 같은 지혜의
충고를 전달해야 한다는 입장과 기도로 위로해야 한다는 입장으로 나
누어졌다. 먼저 지혜로운 충고를 지지하는 구성원들은 할아버지와 가
족은 전문가로부터 손자의 종양의 원인과 결과에 대하여 자세히 듣고
가장 합리적인 대처 방법 환자의 죽음이라는 비극적인 결과도 포함됨 을 받아들여야
한다고 주장하였다. 할아버지는 이런 입장의 이야기를 듣고 눈물을 흘
리며 손자의 병에 대한 소식을 듣고 온 가족이 충격을 받았지만 가족
들과 상의해서 손자가 치료를 받게 하였고 부모가 함께 병원에서 숙
식을 해결하면서 지내고 있다고 말하였다. 이때 할아버지는 소그룹의
충고를 듣고, 이미 손자는 삶과 죽음의 경계를 넘나드는 위중한 상황
임에도 가족들이 비극적인 결과까지 받아들일 준비가 전혀 되어있지

않고 치료를 받는 선택만을 고집하고 있음을 깨닫게 되었다고 말하였다. 한편 기도로 위로해야 한다는 구성원들은 손자가 죽음을 맞이할 수도 있지만, 최후의 순간까지 희망을 가지고 치유를 위한 간구를 포기하지 말아야 한다고 생각했다. 하지만 할아버지의 고통의 눈물을 보고 최후의 순간까지 치유의 기도를 드릴 것을 권유할 상황이 아니라고 여겨져서 매우 조심스럽다고 말하였다. 목회자는 소그룹 구성원의 두 가지 입장을 지켜보고 용기를 내어서 "무엇보다 먼저 우리 소그룹이 할아버지의 심정과 소망을 주님께 기도로 아뢰는 것이 어떻겠습니까?"라고 말하였다. 그리고 이어서 목회자가 주님의 치유의 손길을 통하여 손자가 건강을 회복하게 되기를 소망하면서도 동시에 어떤 결과를 맞이하게 되어도 할아버지와 가족이 견딜 수 있도록 은혜를 베풀어 주실 것과 마지막으로 모든 그룹원들도 주님이 주신 삶과 생명을 소중히 여기고 아픈 이들을 돌보는 성도가 되게 해 달라는 대표 기도로 모임을 마무리하였다.

위의 목회 돌봄의 이야기는 공동체의 구성원들이 동일한 사건에 대하여 다양한 관점을 이야기 할 수 있음을 보여주며 복음서의 이야기에서도 동일한 환자에 대하여 사람들이 자신의 입장에서 다양한 이야기를 하는 예를 보임, 돌봄자는 다양한 관점의 이야기를 나눌 수 있는 분위기를 이끌면서도 그 관점들을 모두 아우르는 돌봄을 실천해야 함을 암시한다 복음서의 한 장 안에도 다양한 관점의 이야기들이 모여 있고, 이야기들을 전체적으로 묶어서 보다 포괄적인 의미도 파악할 수 있다. 따라서 성서의 특정 텍스트와 목회 돌봄 사례는 모두 그 안에 다양하고 세분된 관점으로 파악될 수 있는 이야기들을 담고 있으며 동시에 그 이야기들이 합쳐져서 더 큰 의미를 만들어 낼 수 있다.

이러한 관점에서 복음서에서 각 장은 그 복음서 전체의 메시지와 연결이 되고, 다시 한 장 안의 여러 이야기들을 각각의 의미를 가지면서도 동시에 서로 연결되어 큰 의미를 만들어 낼 수 있다. 나는 목회 돌봄 사례의 이야기도 동일한 구조를 갖는다고 주장한다. 앞에서 소그룹의 돌봄에서 한 명의 구성원인 할아버지를 위한 돌봄이 그룹원 전체가 관련되는 돌봄의 성격을 갖게 되었다. 이 과정에서 할아버지의 고난의 이야기는 구성원 전체에게도 의미를 갖게 되었다. 목회 돌봄은 한 성도를 위한 돌봄이 공동체 전체를 위한 돌봄으로 확대 적용될 수 있다는 장점을 갖는다. 이 사례의 목회자는 교회 공동체에서 기도를 드릴 때에 할아버지의 가정을 위한 기도도 드리고 할아버지와 같은 고난을 겪는 성도들도 염두에 두고 예배의 찬송을 선별하여 찬양을 드리고 설교를 작성하는 방식으로 지속적인 돌봄을 실천하였다.

앞에서 살펴본대로, 목회 돌봄은 공동체의 구성원들이 여러 방식으로 한 성도의 돌봄에 참여하는 다층적인 돌봄이 가능하다는 장점도 있다. 위의 사례에서 성경 공부 소그룹의 구성원들은 각자 나름대로 할아버지와 그 가족의 아픔에 관심을 가지고 위로를 하게 되었다. 따라서 소그룹 구성원들은 각자 조그마한 돌봄의 그림을 그리고 있었고 그 그림들이 합쳐져서 더 큰 돌봄의 그림이 그려지게 되었다. 목회 돌봄은 공동체 안에서 다층적으로 진행될 수 있다는 데에 그 중요성이 있다. 마치 한 문학작품이 다양한 내러티브가 얽혀서 구성되듯이 목회 돌봄 사례는 다층적인 돌봄이 어우러진 독특한 종교 문학 작품이 된다.

목회 돌봄 사례가 종교 문학 작품이 된다면 사례 기록자는 어떤 종류의 사람이라고 말할 수 있는가? 이런 질문은 사례 기록자의 자기 이해, 즉 저자로서의 자기 정체성 이해에 대한 탐구를 이끈다. 나는 한 마디로 돌봄 사례 기록자는 종교 문학의 저자이며 다음과 같이 몇 가지 돌봄의 독특한 영향력을 전달하는 역할을 담당한다고 주장한다. 첫째, 돌봄은 많은 이들에게 활용될 수 있는 생명을 부여한다. 목회 돌봄 사례 기록자가 목회 현장에서 실제 목회 돌봄에 대하여 기록할 때에 그 기록물은 독자의 필요에 따라서 다양한 가치를 지닌 텍스트가 된다. 마치 한 명의 저자에 의하여 창작된 문학작품이 수많은 사람에게 영감을 주며 새로운 작품과 비평을 만드는 재료가 되듯이 돌봄 사례 기록은 많은 이들에게 풍부한 영감의 창조적인 목회 돌봄을 실천하도록 돕는 명작이 될 수 있다.

둘째, 사례 기록자는 교회 공동체와 관련된 사역자이기 때문에 종교 문학의 저자로 볼 수 있다. 틸리히는 종교기관과 세속기관의 가장 중요한 차이에 대해서 교회로 대표되는 종교기관은 "분명한 종교적 자기표현"(1936, 153)을 통해서 "영성"의 기초를 쌓는 역할을 담당한다고 말한다. 따라서 교회의 역할과 관련되어서 목회 돌봄 사례 기록자는 돌봄 사역을 기록하는 저자로서 자기이해를 발전시켜서 "분명한 종교적 자기표현"이 어떤 것인지를 보여준다.

셋째, 사례 기록자의 자기이해는 목회자 또는 교회 구성원이라는 더 큰 정체성과 조화를 이룬다. 만약 돌봄 사례 기록자가 목회자라면 지속적인 목회 돌봄 사역의 준비, 실천 그리고 연구 등을 통하여 돌봄 사역의 질도 향상해야 하고 목회자로서 정체성의 성장도 돌봄 사역의 질적 성장과 보조를 맞추어야 한다. 한편 사례 기록자가 교회 구성원 일 경우에도 정체성의 성장과 돌봄 사역의 성숙도가 균형을 이루어야 한다. 그러나 사례 기록자의 신분 목회자 또는 성도 에 상관없이 돌봄 사역과 더불어 정체성의 성장이 일어날 때에 그가 속한 공동체의 정체성도 한층 성장할 가능성이 높아진다.

넷째, 현장 중심의 목회에서 목회 돌봄의 의미를 고려해야 된다. 예를 들어서 목회 돌봄은 흔히 교회 공동체의 삶과 사역의 여러 측면과 어우러져서 진행되어야 한다. 그 범위는 개인, 가족, 그룹 그리고 전체 공동체의 삶을 포함하기 때문에 사례 기록자의 자기 이해는 돌봄을 받는 교회 공동체로 하여금 그 의미를 파악하도록 돕는다.

한편 사례 기록자도 어떻게 사례를 기록할 것인지에 대하여 현실적인 고민을 하게 된다. 이 고민 속에 사례 내용의 자료 sauce, 문체 style, 그리고 기록되는 형식 format 등의 요소가 포함된다.

## 4. 자료화

돌봄자가 직접 기록하는 돌봄의 내용이 돌봄 사례의 원 자료가 된다. 기록자는 중요한 돌봄의 주제를 파악하고 그 주제에 맞추어서 하나의 사례의 내용을 기록하고 작품으로 다듬어나가게 된다. 한편 축어록도 목회 돌봄의 내용이 원 자료가 되기 때문에 목회 돌봄 사례의 기록과 축어록의 차이를 이해할 필요가 있다.

기본적으로 축어록은 돌봄자가 참여하는 한 회기의 돌봄 대화의 기록이며 대화를 녹음하기도 하며 기억에 의존해서 대화의 내용을 재구성하기도 한다. 물론 훈련을 통하여 기억력이 강화될 수 있지만 녹음을 하지 않는 경우에는 모든 기억이 완벽하게 재현될 수 없다는 점을 염두에 두어야 하지만 축어록의 기록과 분석은 교육적 효과가 있다.

해석학적 관점에서 볼 때에 축어록의 기록 과정은 대화를 주고받는 담화의 형식을 다룬다. 리꾀르Ricoeur 는 인간은 담화를 두 가지 연관된 방식으로 경험한다고 말한다. 말소리로 표현 을 하는 입장에서 볼 때에 사건에 대하여 진술하는 말소리로 표현 은 순식간에 사라져 버려서 "일시적이고 순간적"으로 포착된다11. 그러나 듣는 입장에서 사라져 버린 말은 의미를 남긴다. "담화는 사건에 대하여 이야기하지만 의미로써 이해된다"(12). 다시 말해서 단어와 그 단어가 모여서 만들어진 문장이 말로 표현되면 그 안에 의미가 생성되고 그 의미는 메시지로써 상대방에게 전달된다. 그것은 "명사와 동사 …… 그 밖의 품사들이 서로 밀고 당기면서 새로운 것을 창조하는 과정이다"(12). 말로 표현된 담화는 "의미 그 의미를 전달한 소리는 사라지지만 로써 이해된다"(12). 우리는 말을 할 때에, 소리가 사라지는 순간에 의미도 함께 사라져버려서 메시지가 소통되지 못하는 세계에서 살아간다는 것을 상상조차 할 수 없다.

따라서 의미론적인 관점에서 볼 때에 축어록안에 이미 대화에 참여한 두 사람의 해석적 관점이 내포되어 있으며, 축어록의 기록자는 말을 하는 이의 관점에서 사건을 재해석 하게 된다. 또한 보통 면담의 대화가 회기를 기준으로 기록되기 때문에 오랜 시간 동안 복잡하게 진행된 사건이 간단하게 압축되어서 서술될 수 있다. 따라서 가능한 풍부한 관점으로 대화속의 사건을 해석하고 기록자의 관점을 발견하고 그 원인을 파악하려는 태도가 필요하다. 이렇게 될 때에 축어록의 해석은 돌봄 대화속에 일어난 다양한 의미를 이해하는 과정이 된다.

목회 돌봄 사례 기록은 두 가지 중요한 방식에서 축어록과 차이가 난다. 첫째, 축어록은 단회기 면담이라는 상황에서 이루어진 대화가 기록되지만 목회 돌봄 사례는 다양한 돌봄의 현장에서 대화를 포함한 돌봄과 관련된 모든 사항이 기록의 자료가 된다. 축어록은 면담이 종료되는 순간에 기록도 종료되지만 돌봄 사례 기록은 면담 이외의 다른 상황도 포함하는 특성을 가진다. 축어록은 사적인 경향이 강하지만 돌봄의 대화는 사적인 경향을 당연히 포함하며 공동체와의 연관성도 갖는다. 따라서 목회 돌봄 사례에서 돌봄 대화는 돌봄자와 피돌봄자 둘 사이에서 일어나지만 의미상 수많은 이들이 포함되어 있을 수 있다. 다음의 돌봄 사례는 그런 특성을 잘 보여준다.

어느 대도시의 소형 교회 담임 목회자가 주일날 예배를 드리고 나서 방금 어떤 여성이 소천했다는 소식을 들었다. 그 분은 가족들과 함께 살기 위해서 1년 전에 멀리 이사를 가면서 다른 교회에 출석하게 되었다. 그러나 이전교회의 성도들과 계속 연락을 주고받고 있었다. 부음을 들은 목회자가 예배 후에 고인과 친분이 있던 성도들에게 여성도의 소천의 소식을 전하면서 애도의 슬픔을 겪는 성도들을 돌보게 되었다. 그리고 그 돌봄을 실천하면서 고인이 의외로 공동체에게 상당한 영향력을 끼쳤음을 알게 되었다. 좀 더 자세히 말해서 고인에게 깊은 애도의 감정을 가지고 있는 성도들은 약 8년 전<sup>지금 목회자는 5년 전에 부임하였음</sup>에 다른 교회에서 고인과 함께 본 교회로 옮겨왔다. 고인은 그들이 이 교회에 정착하고 신앙이 성장되기까지 리더의 역할을 감당하였었기 때문에 목회자는 고인의 부음이 오랫동안 친분을 유지한 성도들에게 깊은 애도의 사건이 되었음을 알게 되었다. 또한 장례식을 준비하면서 이들이 현재 출석하는 교회에서 '2등급 시민'같이 느끼며 생활하였음을 알게 되었다. 결국 목회자는 애도하는 성도들과 고인의 장례에 함께 참여하는 것으로는 충분한 돌봄이 이루어지지 않을 것임을 깨닫게 되었고, 장례 후에 애도하는 성도들이 공동체내에서 더욱 존중받는다고 느끼게 만들 조치가 필요하다고 생각하게 되었다. 그 돌봄의 한 방법으로 목회자는 고인이 이전에 출석하던 교회의 담임목회자로서 장례사를 할 차례가 되었을 때에 형식적인 장례사의 차원을 넘어서 고인과 또한 함께 친분을 유지한 성도 모두 공동체의 매우 귀중한 일원<sup>개별적으로 대화를 나눈 내용도 인용함</sup>들이었으며, 드러나지 않게 헌신하는 신앙생활을 해왔기 때문에 이번 기회를 빌어서 진정한 위로와 감사를 드린다고 정중하게 말하였다. 또한 앞으로 목회자를 포함하여 교회 공동체가 고인을 애도하는 성도들에게 좀 더 관심을 가지고 예의 있게 대우를 하도록 노력하겠다는 언급도 잊지 않았다.

위의 돌봄은 담임 목사가 자신이 사역하는 교회를 떠난 한 여성도의 부음을 듣는 데에서 시작되었다. 그리고 장례식을 마치기 전까지 며칠 동안 고인을 아는 여러 성도들과 애도의 감정을 위로하기 위한 돌봄의 대화를 나누게 되었다. 그 과정에서 목회자는 다른 목회 계획과 회의를 취소하기도 하고, 몇몇 성도들을 직접 차에 태우고 장례식에 참여하기도 하였다. 이 돌봄 과정에서 목회자는 단지 성도들과의 대화의 내용을 기록하고 분석하는 차원을 넘어서서 장례식의 참여에 이르기까지 전체 과정 장례사가 정점이 되는 을 돌봄의 사역에 포함시켰다. 여기에서 나는 목회자가 이 이야기를 목회 돌봄 사례로 기록한다면 이 과정 전체가 자료가 된다고 생각한다. 다시 말해서 돌봄 사례의 기록은 대화의 기록뿐만 아니라, 상황 전체에 대한 경험, 공동체 구성원들의 관점과 반응, 장례사, 그리고 목회자가 이 사건에 대하여 깨닫게 되는 의미까지 전부 그 범위에 포함된다.

둘째, 목회 돌봄 사례와 축어록은 기록된 자료를 서술하는 방식에서 차이가 난다. 사례 기록 방식은 기록자가 가능한 한 단어 하나까지 정확하게 기억하려는 태도를 넘어서서 자신을 돌아보는 self-reflection 태도를 반영한다. 이런 태도는 돌봄자가 사례를 기록하면서 자신의 내면에 집중하고, 돌봄자로서 자신의 파악된 욕구도 기록하도록 도우며, 면담 속에서 언급된 사건, 내담자가 처한 상황, 그리고 주고받은 대화를 더욱 폭 넓게 기억하도록 만든다. 그리고 그 모든 요소를 전체적으로 아울러 사례의 의미를 표현해서 결국 목회 돌봄 사례를 독특한 목소리를 갖춘 문학으로 엮어내도록 돕는다.

돌봄자의 자기를 돌아보는 태도는 돌봄 대화를 단순히 말을 주고받는 과정이 아니라 의미를 전달하고 이해하는 과정으로 보도록 이끈다. 앞에서 설명한 의미론의 관점에서 누군가 어떤 말을 할 때에, 그 말은 단순히 어떤 사건이나 상황을 설명하는 기능만 갖추는 것이 아니라 그 말 속의 단어나 문장은 액면 그대로의 표현을 넘어서서 어떤 메시지를 전달하게 된다. 이때에 대화에 참여한 당사자들이 그 메시지의 의미를 분별하고 좀 더 분명하게 해석하고 그 메시지를 말하게 된 의도를 탐색하여 상대방에 대한 이해를 새롭게 한다. 또, 상대방과 자신의 입장 차이를 설명하고 자신을 좀 더 분명하게 이해할 수 있도록 부연 설명을 하는 과정을 통해서, 대화 자체가 더욱 깊은 관계를 이끌게 된다. 따라서 기록자는 돌봄 사례를 기록하면서, 축어록을 기록할 때에 갖기 쉬운 단순히 더 많은 대화의 내용을 기억하려는 태도에서 벗어난다. 어떤 대화의 내용을 더욱 분명하게 기억하려는 자신을 돌아보고 대화 속에서 상대방이 전달하려는 의미와 그 무의식적 욕구가 무엇인지 분별하는 능력을 기르게 되며, 더 주목하고 자세히 다루어야 할 내용과 그렇지 않은 내용을 분별하게 되고, 사례를 전체적으로 꿰뚫어보는 역량을 갖추게 된다. 나는 마지막 장에서 이런 태도에 대하여 내관introspection 이라는 주제와 연결시켜서 설명할 것이다.

자신을 돌아보는 태도를 통하여, 사례 기록자는 저자의 상상으로만 구성되지 않은 인간의 생생한 삶의 이야기라는 골격과 피, 그리고 그 이야기에 대한 자기 탐색이라는 살이 붙여진, 살아있는 담화 기록물이자 종교문학으로 목회 돌봄 사례의 기록을 변형시키게 된다.


## 5. 기록되는 문체

문체는 기록자의 개성을 드러내고, 관점을 반영하며 기록물의 개별성과 독특성을 드러내는 중요한 요소이다. 따라서 특정 목회 돌봄 사례의 문체는 다른 사례와 구별되는 그 사례만의 독특한 담화 집합물을 만들어낸다. 예를 들어서 공관복음인 마태복음과 마가복음이 목회 돌봄 사례라고 생각하여 보기로 하자. 마태복음이라는 사례는 이사 야서의 인용에서 시작해서 요단강에서 세례 요한이 세례를 주는 장면 을 이야기 한다. 한편, 마가복음이라는 사례는 예수 그리스도가 세례 요한에게 세례를 받고, "성령이 곧 예수를 광야로 몰아내신지라. 광야 에서 사십 일을 계시면서 사탄에게 시험을 받으시며 들짐승과 함께 계시니 천사들이 수종들더라"●(12-13절)에서 알 수 있듯이, 광야로 들 어가는 이야기로 첫 장이 시작된다.

마가복음이라는 사례는 다른 복음에서 비해서 본문의 분량이 적 지만 가장 중요한 뼈대를 첫 장에 이야기하는 방식의 문체로 전개된 다. 따라서 복음에 대한 사전 지식이 없이 마가복음의 첫 장을 읽게 되 면 성령이 예수 그리스도를 몰아내는 이유, 사탄에게 구체적으로 시험 을 받은 내용, 예수 그리스도가 시험에서 승리하였는지의 여부, 그리 고 천사들이 어떻게 수종을 들었는지에 대하여 자세한 내용이 궁금해 질 수 있다.

한편, 마태복음이라는 사례는 예수 그리스도의 가계도와 탄생을 설명하고 제3장에서 예수 그리스도가 세례요한에게 세례를 받는 장면 이 나온 후에 광야 시험을 이야기한다.●●

---

● 　개역개정판.

●● 　"그 때에 예수께서 성령에게 이끌리어 마귀에게 시험을 받으러 광야로 가사, 사십 일을 밤낮 으로 금식하신 후에 주리신지라. 시험하는 자가 예수께 나아와서 이르되 "네가 만일 하나님의 아들이어든 명하여 이 돌들로 떡덩이가 되게 하라". 예수께서 대답하여 이르시되 "기록되었으 되 사람이 떡으로만 살 것이 아니요 하나님의 입으로부터 나오는 모든 말씀으로 살 것이라 하 였느니라" 하시니, 이에 마귀가 예수를 거룩한 성으로 데려다가 성전 꼭대기에 세우고, 이르 되 "네가 만일 하나님의 아들이어든 뛰어내리라 기록되었으되 그가 너를 위하여 그의 사자들 을 명하시리니 그들이 손으로 너를 받들어 발이 돌에 부딪치지 않게 하리로다 하였느니라". 예수께서 이르시되 또 기록되었으되 "주 너의 하나님을 시험하지 말라 하였느니라" 하시니, 마귀가 또 그를 데리고 지극히 높은 산으로 가서 천하 만국과 그 영광을 보여, 이르되 "만일 내 게 엎드려 경배하면 이 모든 것을 네게 주리라". 이에 예수께서 말씀하시되 "사탄아 물러가라 기록되었으되 주 너의 하나님께 경배하고 다만 그를 섬기라 하였느니라. 이에 마귀는 예수를 떠나고 천사들이 나아와서 수종드니라." 개정개역 마태복음 4:1-11.

본문에서 알 수 있듯이 사례의 기록자로서 마태는 광야 시험를 받는 상황에 대해서 마가보다 더욱 자세하게 설명하며 심지어 예수 그리스도와 사탄이 주고받는 대화까지 기록하였다. 따라서 독자는 마태복음이라는 사례를 읽으면서 예수 그리스도는 성령에 의해서 뿐만 아니라 사탄에 의해서 시험을 받아야 하는 목적을 이루기 위해 광야로 갔으며 예수 그리스도가 40일간 단식을 하였음도 알게 되고 예수 그리스도와 사탄의 대화를 통하여 시험의 결과까지 알게 된다.

지금까지 설명하였듯이 마태와 마가는 모두 공관복음에 속하지만 각각 독특한 문체를 보여준다. 그리고 문체의 차이는 이야기를 서술하는 담화방식의 차이를 낳는다. 한 복음서는 간략하게 요약된 서술방식을 보여주고, 다른 복음서는 상황을 자세히 묘사하고 상황 속에서 일어나는 대화까지 서술한다. 목회 돌봄 사례의 문체에 대해서도 이런 경향이 나타난다. 각 돌봄 사례는 다른 사례와 구분되는 독특한 문체로 기록된다. 어떤 돌봄 사례는 마가복음의 문체와 같이 요약되고 간결해서 읽는 이들에게 생략된 내용에 대하여 여러 가지 추측을 하고 질문을 할 수 있게 만들 수도 있으며, 반면에 마태복음과 같은 문체로 기록된 사례는 상세한 내용까지 포함하고 있다.

앞에서 살펴본대로 문체에 따라서 이야기를 서술하는 방식에 대하여 다음과 같이 설명할 수 있다. 첫째, 문체는 독특한 담화 양식을 구성하고 그 양식대로 기록된 내용이 차곡차곡 쌓여서 마침내, 하나의 사례문학이 만들어진다. 기록자는 의식하거나 또는 의식하지 않게 되더라도 사례를 기록할 때에 어떤 문체로 기록할 것인지 나름대로 결정하게 된다. 그리고 기록자가 선택한 문체는 기록되는 각 문장 속에서 어디에 마침표를 찍을 것인지, 또는 어디에 감탄사를 사용할 것인지의 여부까지 영향을 미치게 된다. 이렇게 문체에 영향을 받아 구성된 문장들이 모여서 담화 집합물을 구성한다. 따라서 동일한 내용의 이야기도 기록자의 문체에 따라 다른 느낌을 주게 된다. 예를 들어서 최근에 마태복음에서 예수 그리스도가 시험을 받는 장면에서 사탄과 주고받은 대화가 감탄사를 포함한 짧은 문장 예수 그리스도가 말한다, "사탄아! 물러가라."(4:10) 으로 표현된 성서도 있다. 감탄사를 사용한 간결한 문장에서 더욱 힘 있게 적을 물리치는 예수 그리스도의 이미지를 느낄 수 있다. 돌봄 사례의 기록에서도 이런 효과를 경험할 수 있다.

둘째, 문체는 단어, 문장부호 마침표, 감탄사 뿐만 아니라, 어떤 내용을 설명하기 위하여 주제를 표현할 때에, 단어에서부터 문장에 이르기까지 문장을 구성하는 방식에 영향을 미친다. 예를 들어서, 돌봄 기록자가 "교회 성도들의 미소"라는 제목을 사용할 수 있지만 미소를 짓는 장면을 빙그레 웃는 모습의 묘사부터 "킥킥"이라는 단어의 사용을 포함해서 다양한 표현이 가능하다. 만약 기록을 읽을 때, 미소 뒤에 고통이 숨어 있음을 깨닫도록 돕고 싶다면 "모나리자의 미소", "미심쩍은 미소" 또는 "양쪽 귀에 걸친 미소"등의 제목을 사용할 수 있다. 목회 돌봄 사례에서 어떤 상황을 어떤 표현으로 묘사할지의 여부를 결정하는 것은 그 자체로는 큰 변화가 아닌 것처럼 보이지만 전체적인 인상에 영향을 줄 수 있다.

셋째, 문체는 사례를 구성할 때에 어떤 내용을 첨가하고 뺄 것인지를 결정하고 토론할 주제를 부각시키는 편집에 영향을 준다. 예를 들어서 돌봄 상황과 대화를 모두 포함하면 7쪽 또는 8쪽에 달하는 사례 기록의 분량을 3쪽 안팎으로 분량을 편집해야 할 때에 중요한 내용만 요약해서 보고하는 분위기의 문체를 사용하게 되기 쉽다.

# 6. 돌봄 사례의 형식

양식 format 은 특정한 방식으로 글을 쓰도록 만들어진 틀이다. 그리고 특정한 양식으로 기록한다는 것은 그 양식이 요구하는 글쓰기를 선택하게 된다는 의미이다. 예를 들어서 교수는 강의를 듣는 학생들에게 학기초에 강의안을 설명하면서 기말보고서를 20쪽 이내로 작성하거나 소설이나 수필 양식이 아니라 보고서의 양식으로 글을 써야 된다는 규칙을 부여할 수 있다. 그렇다면 목회 돌봄 사례 양식은 사례의 기록에 도움이 되도록 틀이 설계되어 있다고 볼 수 있다. 돌봄 사례의 양식에는 다음과 같은 항목이 필요하다.

## 1) 제목 Title

목회 돌봄 사례 기록은 제목으로 시작된다. 제목은 다음과 같이 몇 가지 중요한 기능을 맡는다.

첫째, 독자와 사례를 연결시켜주는 최초의 의사소통 수단이 된다. 마치 성도들이 교회 주보에서 설교의 제목을 읽고 설교의 내용을 어느 정도 짐작하게 되듯이, "약혼커플의 목회 돌봄 사례" 또는 "존스부인의 사별"과 같은 돌봄 사례의 제목은 그 내용을 대략적으로 추론하도록 돕는다.

둘째, 사례 기록자는 특정 돌봄 사례에 대한 기록 중에서 중요하다고 생각되는 내용을 제목으로 정하기 때문에 제목은 사례에 대한 기록자의 관점과 이해 정도를 반영한다.

셋째, 제목은 돌봄 사례의 처음, 중간 그리고 끝을 모두 포함해서 기록자에게 가장 중요하게 인식된 기억과 그 기억에 대한 질문 및 탐구 등이 어우러져 요약된 표현이다.

넷째, 제목은 사례를 가장 잘 설명하는 표현이기도 하며, 기록자가 그 제목을 붙이는 내면을 탐색하도록 돕기도 한다. 사례 기록자에게 어떤 주제가 계속 마음속에 떠오르더라도 그 주제와 관련되어서 사례의 제목을 붙이지 않도록 주의하여야 한다. 다시 말해서 제목을 붙일 때에 고민을 하게 될 수 있으며 그 고민의 이유를 탐색할 필요가 있다. 그러나 제목은 사례의 내용을 한 번에 짐작하거나 이해할 수 있도록 돕기 위해서 정하는 것이 낫다. 만약에 계속 어떤 주제가 신경에 쓰이게 된다면 그런 사실도 기록하고 그 이유를 탐색하는 것이 바람직하다.

### 2) 도입 Introduction

도입은 두 부분으로 나누어진다. 첫 부분은 사례의 기록자 또는 저자를 소개한다. 나이, 성별, 인종 그리고 결혼 여부 등을 간략하게 소개하는 것이 좋다. 두 번째 부분에서는 돌봄자로서의 신분담임목사, 부목사, 신학생, 성도 등 과 그 신분을 유지한 기간, 소속 교단, 사례를 읽을 때에 고려해야 할 점 그리고 돌봄자로서의 소감 등을 기록한다.

두 번째 부분의 중요성은 세 가지로 설명할 수 있다.

첫째, 돌봄자는 사례로 기록되는 목회 돌봄에 많은 시간과 정성을 들였고 그 사례 기록에서 무언가를 배우기를 희망하기 때문에 돌봄자로서 자신을 소개하는 것이 합당하다.

둘째, 돌봄자는 사례의 화자, 사례 속의 등장인물 그리고 기록자라는 삼중 역할까지 맡을 수 있다.

셋째, 돌봄 기록자의 자기 개방openness 은 독자들의 내면에 숨겨진 돌봄 능력을 성장시키도록 돕는 간접경험을 제공한다. 돌봄 사례는 독자에게 교육적 효과를 전달하며, 돌봄자가 자신의 신상정보와 입장을 공개할 때 독자에게 개인의 신상이 노출되는 부담감이 있지만 독자가 돌봄자의 시각을 파악하도록 도움을 줄 수 있다. 만약 기록자와 독자가 함께 해석의 과정에 참여하게 되면 기록자가 독자로부터 직접 비판적인 반응을 받을 수도 있지만 반대로 위로와 희망을 얻을 수도 있다. 마치 목회현장에서 목회자가 성도들의 비판을 받으며 상처를 입을 수도 있지만 어떤 면에서 성도들로부터 위로와 격려를 받게 되는 상황과 유사하다.

도입의 두 번째 부분은 사례 기록자로서 사례의 주요 주제에 대한 개관overview 을 설명하면서 제목에서 간과되었던 부분을 점검할 수 있다. 그 예로, "저는 지난주 목요일 오후 목양실에 앉아 있다가 루스로부터 약혼자 마크와 함께 결혼에 대하여 상의하고 싶다는 전화를 받았습니다. 그리고 다음날 오후 4시에 그들을 만났는데 대화를 하면서 마크의 가족이 결혼식에 참여할 것인지의 여부가 대화의 주요 주제가 되었습니다."로 소개되는 돌봄 사례가 있다고 가정하여 보자. 이 때에 사례 기록을 읽는 독자는 이 정도의 도입부분만 읽어도 결혼식을 앞두고 기대와 염려를 동시에 느끼는 보통의 커플이 최소한 한 차례 이상 목회자또는 상담자 를 방문하는 사례 기록이라고 짐작할 수 있다. 더 나아가서 목회자또는 상담자 가 이전에 이 커플을 여러 번 만났거나 또는 그들의 부모들을 만났기 때문에 커플을 만나지 않았지만 결혼과 관련된 문제에 대하여 어느 정도 알고 있다고 유추할 수도 있다. 다만 위의 간략한 내용만으로 이 커플 또는 그들의 부모가 교인이라고 단정 지을 수도 없고 이 커플이 무사히 결혼을 하게 될지의 여부는 알 수 없다. 그러나 사례를 더 읽다보면 목회자 상담자 가 마크의 결혼과 관련해서 부모에게 더 문제가 있다고 생각하고 있음이 밝혀질 수도 있고 이어서 더 많은 내용이 기록될 수도 있다. 돌봄 기록자는 자신의 관점으로 기록 할 권한이 있으며 독자들도 자신의 관점에서 자유롭게 비판할 수 있다.

다시 말해서 돌봄 사례를 읽는 독자는 기록자의 관점을 파악하고 비판하며 배우게 된다. 돌봄 기록의 관점은 돌봄의 개입과 헌신 및 돌봄과 관련된 크고 작은 부분에까지 영향을 주기 때문에 중요하다. 다시 말해서 목회 돌봄을 실천한다는 것은 단기 또는 장기적 면담을 통하여 다양한 방법 한명에 대한 돌봄으로 시작해서 여러 명으로 돌봄의 대상이 확장되는 경우도 있음 으로 사역을 이끌어가는 관점을 결정하게 된다는 것을 뜻한다. 그 결정에 따라서 돌봄 사례의 물줄기는 때로는 예상하지 못했던 방향으로 그 흐름이 바뀌기도 하고, 때로는 곧게 쭉 뻗어 흐르기도 하며, 어떨 때에는 더욱 구불구불하게 굽이쳐서 흐르기도 한다. 도입은 이런 흐름에 대하여 멀리서 조망할 수 있도록 도와준다.

### 3) 공동체의 배경 The Congregational Setting

도입은 돌봄의 흐름을 조망한 부분이다. 여기에서 다양한 인물들의 행동이나 심리적 특성 등에 대하여 기록해야 하기 때문에 처음으로 돌봄 사례를 기록하게 되면 그 작업이 낯설다고 느낄 수도 있다. 또한 기록 자체가 목회 돌봄과 어떤 연관성이 있는지 이해하기 어려울 수도 있다. 그러나 차분하게 여유를 가지고 성도들의 삶의 현장을 관찰하고 독자들이 잘 이해하도록 성도들의 삶의 이야기를 어떻게 들려줄 것인지 머릿속에 그려보면서 다음과 같이 기록하는 연습을 할 수 있다.

첫째, 그 성도가 속한 공동체의 이름, 다양한 구성원, 규모와 연령 분포, 독특한 특징, 구성원들의 직업, 인종 구성 등에 대하여 간략하게 설명하라. 둘째, 공동 돌봄자가 있는 경우에 그 돌봄자에 대해서도 간단하게 소개하라. 셋째, 공동체의 특징을 기록할 때 다음과 같은 사항을 고려하라. 그 공동체가 도시의 중심지에 위치하고 있는가? 변두리에 위치하고 있는가? 공동체가 부흥하고 있을 수도 있는가? 인원이 줄어들고 있는가? 경제적으로 풍족한가? 재정적 어려움을 겪고 있는가? 누구에게나 자랑할 만한 전통예를 들어 선교나 실력 있는 찬양대의 활동 을 가지고 있는가? 공동체의 전망이 장밋빛인가, 아니면 어두운가? 젊은 부부와 어린아이가 많은가, 아니면 노인들이 대부분인가?

제4장

# 목회 돌봄 사례의 의미

돌봄 사례를 이해하기 위해서 해석과정이 필요하다. 따라서 제3장의 첫 부분에서 사례 해석 과정을 설명하고 둘째 부분에서 해석 과정에 초점을 두고 돌봄 사례를 분석하려고 한다. 제3장의 목적은 목회 돌봄 기록의 해석을 통하여 그 의미와 관점을 이해하는 데에 있다.

## 1. 의미와 해석

목회 돌봄 사례의 의미는 해석 과정을 통해야 한다. 해석과정은 기본적으로 사례의 사실 내용 파악 identifying, 사실 내용 안에 숨겨진 원리 분별discerning 의 순서로 진행된다. 실제로 기존의 목회 돌봄 원리에 근거해서 새로운 사례의 사실 내용을 평가evaluating 하고 그 사실 내용 안에 숨은 원리를 새롭게 발견하게 된다 제1장에서 이 과정을 연역적 추론과 귀납적 추론으로 설명하였다.

사례 해석의 관점에서 볼 때에 목회 신학에서 학제간 대화interdisciplinary dialogue 의 주요한 기능은 목회 돌봄 교육에서 사례의 평가를 위한 목회 돌봄의 원칙을 제공하는 것이다. 이 학제간의 대화는 신학과 사회과학 사이에서 일어난다. 이 대화에서 발생하는 학제간 모형 또는 돌봄 원리는 오랫동안 목회상담 센터와 병원에서 실시되는 돌봄에 적용되었다. 그러나 돌봄의 상황이 다양하여짐에 따라서 돌봄자와 피돌봄자와의 개인적 대화의 기록인 축어록이 중심을 이루었기 때문에 각 돌봄 상황의 특성 목회자의 돌봄, 목회상담기의 돌봄, 원목의 돌봄 의 차이가 간과된 채로 거의 동일한 학제간 모형이 사용되었다. 그러나 오늘날 현장 중심의 목회 돌봄이 강조되면서 각 상황이 독특성이 강조되기 때문에 상황의 차이를 간과하고 동일한 방식으로 목회 돌봄을 묘사하게 되면 돌봄의 독특성을 제대로 파악하지 못할 가능성이 높아지게 되었다.

목회 돌봄 원리는 사례의 의미를 이해하기 위해서 매우 중요하기 때문에, 현장 중심의 돌봄 상황과 임상적 상황 신학, 심리학 등을 포함 의 분별이 필요하다. 전문 훈련을 받고 상담 센터를 중심으로 실시되는 목회 상담 사역 심리치료를 포함 의 원리와 성도들의 삶의 현장을 중심으로 진행되는 돌봄의 원리에 어떤 차이가 있는지 살펴 볼 필요가 있다.

첫째, 목회 상담 사역은 치료 효과를 높이기 위해서 치료가 이루어지는 상담 회기 안에서 만남이 이루어지며, 일반적으로 상담 시간 이외의 만남 상담사가 내담자와 테니스를 치거나, 영화를 보거나, 상담사의 집을 방문하는 등 을 자제하는 것이 바람직하다. 그러나 목회 돌봄은 상당히 다른 방식으로 진행된다. 상담 사역에서 상담사의 생활이 내담자에게 공개되지 않는 것과 대조적으로 목회 돌봄을 실시하는 목회자의 생활은 성도들에게 개방되어 있다. 목회자는 성도와 테니스도 치고, 성도의 집에 방문하기도 하고, 입원 중인 성도를 심방하게 된다.

둘째, 신학적인 배경에서도 차이가 난다. 목회 상담가는 심리치료 기법을 포함하는 상담상황 안에서 신학적 관점을 발전시킨다. 상담자는 상담의 현장에서 신학적 입장과 심리학을 함께 고려하면서, 매 회기 상담 내용을 분석하여 소견을 얻게 된다. 한편 현장 중심의 목회 돌봄에서 목회자는 좀 더 신학적 관점에서 돌봄 자체에 초점을 두게 된다. 또한 상담이 개인에게 집중한다면 목회 돌봄은 특정 개인을 돌보는 신학적 관점이 공동체 전체, 더 나아가서 지역 사회에도 영향을 줄 수 있다. 따라서 목회자가 돌봄을 진행하면서 주일 예배, 성경공부 및 다양한 교회 활동을 통한 돌봄의 신학적 관점을 수많은 사람에게 일괄되게 가르치고 익히도록 돕는 공적인물 public figure 의 역할을 수행할 때에 돌봄의 효과가 극대화 될 수 있다. 이런 돌봄의 유익은 상담실을 중심으로 진행되는 상담 사역에서 얻기 어렵다.

셋째, 목양과 상담의 병행이 가능하다는 신학적 관점의 적용이 가능하다. 예를 들어서 어떤 내담자가 심리치료를 받기 위해서 목회 상담 센터를 방문할 때에, 그 내담자는 교회를 출석할 수도 있거나 아닐 수도 있으며 상담을 마치기까지 자신이 만난 목회 상담사가 어느 교단에 속하였는지 알 수 없을 가능성이 높다. 만약 상담자가 목회자라는 사실을 내담자가 알고 있다면 상담자는 "제가 목회자로서 교인들을 만날 때와 상담가로서 내담자를 만날 때에 나누는 대화의 방식과 내용에 차이가 있습니다. 다시 말해서 저는 강단에서 말씀을 선포하던 목회자의 정체성이 아니라 내담자의 이야기를 듣고 공감하는 상담자의 정체성으로 만납니다"Nancy J. Gorsuch, 1999, 38 라고 말할 수도 있다. 여기에서 알 수 있는 것은 비록 목회자가 상담을 하게 될 경우에도 상담의 특성을 가진 면담이 될 수밖에 없다는 것이다. 반면에 목회 돌봄은 목양과 상담의 병행이 가능하다. 월러스라는 또 다른 여성이 상담을 받으러 자신이 신앙생활을 하는 교회의 목양실을 방문한다. 그리고 목회자가 상담자로서 월러스를 면담한다. 그녀는 꾸준히 신앙생활을 하고 있으며, 교회 공동체와 목회자가 주도하는 선교활동에 적극적으로 참여하며, 목회자의 신학적 경향을 잘 이해하고 있다. 이런 경우에 상담이 목회 돌봄의 일환으로 진행되기 때문에 이중 관계의 단점을 잘 극복한다면, 더욱 상담의 효과가 높아질 수 있다.

넷째, 목회 돌봄과 상담의 상황에 따라 심리학적 이해의 깊이에 차이가 있다. 상담 센터에서의 심리학적 관점은 매 회기의 면담을 통한 심리치료를 실시하기 위해서 사용된다. 인간의 심리 발단 단계의 모델에 따른 심리학적 관점의 적용이 가장 전형적인 예가 될 수 있을 것이다. 한편 목회 돌봄에서 목회자는 공동체의 신앙지도자의 역할도 감당해야하기 때문에 상담실에서의 면담을 통하여 심리를 분석하는 관점을 넘어서 보다 포괄적 이해의 관점을 갖추게 된다. 목회자는 공동체의 구성원들을 지속적으로 만나고 돌보면서 상담의 상황보다 더욱 폭넓은 이해를 할 수 있게 된다. 한마디로 목회자가 동일한 인물에 대하여 상담자와 돌봄자의 역할을 병행하게 될 때는 상담실에서 상담자로서만 만나게 되는 경우보다 더 깊은 심리학적 관점을 얻을 가능성이 높아진다.

목회 돌봄에서 심리학적 관점과 더불어 사회학, 문화 인류학, 경제학 그리고 정치학과 같은 다양한 사회과학 또는 행동과학을 사용해서 인간의 고통의 원인을 분별한다. "사회과학은 목회 돌봄과 상담의 지속적인 발전을 위해서 풍부한 주요 자원을 제공한다. 현대 사회적 상황이 개인의 적응과 행복에 더 많은 영향을 끼치고 있다는 연구 결과들이 늘어나고 있는 현실을 감안한다면 이러한 현상은 매우 타당하다." Balswick, 1990, 1193. 따라서 오늘날 목회 돌봄에서 공동체 전체와 신앙생활의 관점과 관련해서 상담이 돌봄 사역에 포함되듯이 목회자는 설교, 성경공부, 복음의 전파, 선교 등의 사역에서 도덕적 이슈를 넘어서 사회, 문화, 성, 국가적 관점 등을 다루면서 교회 구성원에 대한 이해의 폭을 넓힐 수 있다. 이와 같이 사회 과학의 관점은 교회 공동체와 지역 공동체, 가족 역동, 사회, 경제, 정치적 체계, 문화적 가치, 그리고 다문화적 상황에 미치는 영향력을 파악할 기회를 제공한다.

특히 현대에 올수록 돌봄 사례를 이해하고 해석하기 위하여 여러 학문적 관점을 사용할 필요가 있으며, 그럴 때에 더욱 풍부한 해석이 가능해 진다. 그러나 목회 돌봄에서 심리학적 관점이나 사회학적 관점을 사용하는 목적은 어디까지나 돌봄 사례의 사실 내용을 좀 더 분명하게 이해하고 해석하려는 데에 있음을 잊지 않아야 한다.

## 2. 사실 내용의 분별

목회 돌봄 사례의 사실 내용의 범위는 현장에서 발생하는 모든 요소를 포함한다. 또한 돌봄의 범위는 돌봄이 직접적이거나 또는 간접적으로 영향을 미치는 모든 영역을 뜻한다. 제2장에서 살펴보았듯이 목회 돌봄 사례의 기록자는 일정한 형식에 따라서 돌봄 사역의 경험을 기록하며, 축어록은 면담의 대화를 중심으로 기록되기 때문에 현장 돌봄의 다양성과 특색을 충분히 살리기에는 어려운 점이 있었다. 이런 현실적 필요성에 의해서 돌봄의 상황의 다양한 요소를 기록하기 위해서 새로운 사례 기록 양식이 필요하게 되었다. 사례에 등장하는 인물들의 독특성, 주제의 명료화, 상황의 특성 등을 상세하게 명명할수록 보다 효율적이고 적합한 돌봄을 실천할 수 있기 때문이다. 특히 공동체 전체를 고려한 상황에서 사례를 이해하게 될수록, 돌봄의 범위가 효과적이고 현실적으로 파악된다. 또한 특정 돌봄 사례는 다른 돌봄 사례들과 구분되는 다양한 특성을 가지고 있기 때문에 각 사례마다 돌봄의 범위도 유동적이다. 나는 여기에서 현장 중심의 돌봄 사례의 사실 내용을 보다 세밀하게 파악하기 위해서 돌봄의 범위를 정하는 데에 필요한 몇 가지 특성을 설명하려고 한다.

## 3. 돌봄 상황에 대한 분별

현장 중심의 목회 돌봄이 다른 돌봄과 구별되는 첫 번째 특성은 현재 다루고 있는 사례의 돌봄 상황에 대한 예민한 분별력에서 드러난다. 1930년대에 딕스Dicks가 병원에서 환자들과의 대화 내용을 기록하기 시작하였을 때에는 주로 육체적 질병을 가진 환자들과 면담을 하였다. 그러나 오늘날 현장 중심의 돌봄에서 돌봄이 가능한 범위는 피돌봄자의 숫자만큼 다양하다고 할 수 있다. 지난 수년간 목회 돌봄의 기록에서 신체적, 정신적 질병, 임종, 장례, 애도, 결혼과 가족의 문제, 실업, 이혼, 자녀양육, 각종 중독, 여러 가지 형태의 폭력과 남용, 교회 구성원간의 갈등, 빈곤, 억압, 개인적 고통, 기타 응급 상황 등의 주제를 발견할 수 있었다. 그러나 이런 현실에 비해서 목회 돌봄 교육에서 특정 교회의 어떤 주제에 대하여 어떤 전문적인 방법으로 장기간 일관성 있게 돌보았다는 기록은 찾기 어려웠다. 더 나아가, 낙태와 같이 개인적, 사회적, 그리고 정치적인 차원에서 감정적으로 대립되기 쉬운 주제는 여러 입장이 고루 반영되는 해결방법을 찾기가 쉽지 않았다. 따라서 현대의 목회 돌봄은 특정 대상만을 고려한 돌봄만으로는 해결하기 어려운 실정을 맞이하고 있다. 그러나 여전히 돌봄을 통하여 개인과 사회가 처한 문제 상황을 명명하고 문제의 본질을 분별하고 해결방법을 찾기 위하여 끊임없이 노력하는 태도는 결코 포기할 수 없을 만큼 매우 소중하다. 한 마디로 현대적 목회 돌봄 상황은 돌봄자들의 돌봄의 범위와 대상이 복잡해지고, 돌봄이 다차원적이고 포괄적으로 진행되지만 본질을 놓치지 않아야 한다고 말하고 싶다.

두 번째 구별되는 특성은 사례에 등장하는 인물들의 성격을 분별하는데서 드러난다. 돌봄 사례 기록에 등장하는 인물은 기본적으로 개인, 커플, 가족, 집단, 교회 공동체 또는 지역 공동체도 포함된다. 그리고 돌봄 사례에서 전통적인 관점에서 교회 공동체를 구성하는 구성원들을 신분으로 나누면 다수의 평신도와 소수의 기름 부음 받은 성직자로 구분될 수 있다. 그러나 1990년대에 들어오면서 지역 공동체를 대상으로 하는 돌봄에서 교회 구성원들이 어느 정도 상호 돌봄자의 역할을 감당할 수 있다는 인식이 확대되어서 목회 돌봄 기록에도 교회 구성원도 반드시 돌봄의 수혜자의 입장에만 서지 않는 현상이 증명되기 시작하였다. 예를 들어서 서로를 돌보는 사역은 소그룹, 주일학교 성경 공부반 그리고 신우회 등의 형태로 나타날 수 있다. 때때로 공동체에 비상상황이 발생하게 되면 특별한 목회 돌봄이 일어나기도 하며, 이런 경우에 공동체 전체를 대상으로 특별한 돌봄팀 돌봄 목적에 맞는 훈련을 받은 이 편성되어서 돌봄을 실천할 수 있다.

오늘날의 목회자는 위기의 상황을 맞고 있는 개인을 만나기 위해서 병원이나 집을 방문한다. 그 때, 그 개인이 겪는 위기는 교회 공동체라는 더 큰 범위를 포함하고 있으며, 이 위기 상황을 돌보기 위해서 공동체 전체의 돌봄이 필요한 경우가 늘어나고 있다. 교회 공동체라는 큰 틀 안에서 목회자의 돌봄과 별도로 평신도 구성원들이 자율적으로 서로 짐을 나누어지기, 애도하는 성도 위로하기, 고통 받는 성도에게 적절하게 반응하기, 빈곤구제 등과 같은 돌봄 활동을 진행할 수도 있다.

## 5. 등장 인물들의 관계 파악

현장 중심의 목회 돌봄에서 구별되는 세 번째 특성은 사례 안에 등장하는 인물들 사이의 관계성이다. 돌봄은 등장인물들 사이에서 일어날 가능성이 있는 다양한 상호반응을 고려해야 한다. 사례 해석자는 등장인물의 몇 가지 상호반응을 보고 신속하게 판단을 내릴 충동을 느낄 수도 있지만 그런 태도는 되도록 지양되어야 한다. 목회 돌봄 사례에서 관계 relationship 란 용어는 정신분석의 역동을 의미한다. 특히 돌봄 사례에서 공동체 안의 등장인물들은 장기간 관계를 유지하는 경우가 많으며, 따라서 그들 사이에 오래 전부터 현재까지 영향을 미치는 해묵은 역동이 있을 가능성이 있음을 염두에 두어야 하다. 따라서 사례의 해석에서 현재의 문제와 관련해서 가능한 과거의 역동도 파악하려는 태도가 필요하다. 또 돌봄 사례에서 등장인물 사이의 관계는 심리학적인 초점을 넘어서 사회학적, 문화적, 경제적, 또는 정치적 차원의 의미를 가지기도 한다. 따라서 심리학적인 초점에서만 관계를 해석하려고 한다면 독자의 해석이 삶의 다양한 측면을 포함하지 못하게 될 가능성이 있다.

따라서 사례 해석의 세 번째 특징인 관계성과 관련해서 등장인물 사이의 관계를 폭 넓게 이해하는 것이 중요하다. 예를 들어서 특정 교회 공동체 내에서 목회자와 성도의 관계를 바라볼 때에 어떤 관점에서 바라보느냐에 따라 해석이 달라질 수 있다. 여기에서 두 가지 관계를 파악할 필요가 있다. 첫째, 목회자와 성도의 관계를 개인적 관점에서 이해할 필요가 있다. 목회자와 교회 구성원의 돌봄 관계는 과거로부터 이어진 돌봄의 역사를 가지고 있으며 이 역사가 현재를 이루고 미래를 만들어 가고 있다. 예를 들어서, 대형교회의 담임목사가 어느 날 목양실에서 나와서 길을 걷다가 한 성도를 만나서 대화를 하게 되었다. 그동안 담임목사는 그 성도의 자녀가 유아세례 받을 때부터 시작해서 부모의 장례식도 집례 하였고, 현재는 교회 운영 위원회에서 그 성도와 함께 활동하고 있었다. 또한 담임목사의 자녀와 성도의 자녀는 교회학교에서 친구로 지내며 서로 집으로 초대하는 사이였다. 누가보아도 서로를 잘 알고 친밀한 관계를 유지하고 있다고 생각하기 쉬웠다. 그러나 담임목사는 그 성도가 낙심한 듯이 보여서 그 이유를 파악하기 위해 대화를 이어나가며, 마침내 그 성도의 마음속 깊은 고민을 알게 되었다.

둘째, 목회 돌봄에서 목회자와 성도의 관계는 공동체적 관점에서도 파악할 필요가 있다. 위의 예를 교회 공동체의 관점에서 본다면 그 관계는 새로운 의미를 가질 수 있다. 공동체 전체를 고려할 때에 특정 성도에 대한 돌봄은 공동체의 돌봄과 균형을 이루면서 실시될 수 있다. 다시 말해서 공동체 전체를 돌봄 대상으로 할 때와 달리 한 사람만을 돌봄 대상으로 할 때에는 목회자가 사용할 수 있는 방법도 자제해야 할 필요가 있다. 위의 예에서 목회자와 성도의 자녀들이 평소에 친근하게 이야기를 나누고 함께 놀 수 있지만 주일날 교회에서 서로 예의 있게 말하고 행동해서 공동체의 다른 친하지 않은 학생들이 소외감을 느끼지 않도록 배려하는 태도도 필요하다. 또한 목회자와 성도가 개인적으로 오랫동안 친분을 유지하였어도 위원회 활동에서는 좀 더 공적인 태도로 생각하고 의견을 나누어야 할 수도 있다 공동체 안에서 공적인 태도를 유지하면서도 개인적으로 서로 더욱 깊이 이해할 수 있게 된다면 더욱 바람직할 것이다.

## 6. 간접 돌봄의 가능성

목회 돌봄에서 목회자가 특정 성도를 면담할 때에 교회의 다른 성도들의 이름이 거론되는 경우가 있다. 이처럼 현장 중심의 목회 돌봄은 돌봄에 직접 참여하지 않은 회중에 대한 내용도 돌봄 사례에 기록되며 사례의 해석에 영향을 미칠 수 있다는 점이 네 번째 특성이다. 바로 이런 특성이 제2장에서 말하였던 돌봄과 관련된 복잡한 상황을 의미한다. 돌봄 사역자는 현재 돌봄에 참여하지 않았지만 사례 내용에 포함되는 성도들에 관하여 어떤 정보를 알게 되면 그 정보가 관계에 영향을 미칠 수 있다. 한 마디로 한 명의 성도에 대한 돌봄 관계가 다른 여러 성도들의 돌봄 관계에 영향을 미칠 수 있다. 이에 대해서는 다음과 같은 돌봄 사례를 들 수 있다.

어떤 목회자가 면담을 통하여 사역하는 공동체에 속한 한 성도와 그의 배우자가 처한 어려움에 대한 이야기를 듣게 되었다. 그 성도의 배우자는 3개월 동안 심리치료를 받고 있었고 우울증 약을 먹고 있었다. 목회자는 그동안 나름대로 그 가정의 상황을 잘 알고 있다고 생각하였는데 구체적인 사연을 듣게 되자 매우 충격을 받았다. 그리고 면담에서 만난 성도와 배우자에게 그들 부부의 어려움을 알게 된 사실을 비밀로 유지하겠다는 약속을 하였다. 하지만 목회자의 입장에서 그들을 돕기 위해서 어떤 방식으로든 돌봄을 실천해야겠다고 생각하였다. 그러던 중 목회자는 면담 중에 자신과 함께 공동체의 두 가정이 다음날 어려움을 겪는 성도의 집에서 저녁 식사를 나누도록 초대되었다는 사실을 알게 되었다. 그러자 저녁식사를 함께 하면서 유머러스한 이야기를 나누고, 다른 두 가정이 차례로 어려움에 처한 부부를 집으로 초대하도록 대화를 이끌어서 지속적인 교제가 진행되도록 하였다.

이런 과정 중에 목회자는 면담 중에 아내가 우울증을 앓는 성도가 지난주 성경공부 시간에 어떤 성도 때문에 심하게 마음이 상했음을 알게 되었다. 그런데 마음을 상하게 만든 그 성도는 성격장애를 앓고 있어서 사역자와 공동체의 구성원들에게 '마음을 상하게 하는 가시'처럼 행동하고 있었으며, 지난주일 성경공부 시간에는 심리학에 대하여 심하게 폄하하는 말을 하였다. 그런데 이 성경 공부에 참여한 우울증 아내를 둔 성도는 아내가 심리치료를 받고 있는데 성격장애를 겪는 성도가 심리학에 대하여 폄하하는 말을 하자 매우 불쾌함을 느껴서 성경공부 중간에 밖으로 나갔다.

목회자는 며칠 후에 성격장애의 성향 때문에 쉽게 공격적인 태도를 보이는 성도와 다시 만나기로 하였다. 그런데 성격장애를 앓고 있는 성도의 아내가 찾아와서 지난 6개월 동안 결혼 상담을 받고 있었는데 상담이 효과가 없다고 생각되어서 이혼을 고려중이라는 말을 하였다. 이 말을 들은 목회자는 성격장애를 앓는 성도가 결혼 상담이 효과가 없다고 생각해서 심리학에 대하여 폄하하게 되었음을 알게 되었다. 목회자는 우울증을 겪는 아내를 둔 성도에게 성격장애를 겪는 성도의 가정의 어려움에 대하여 자세히 이야기 할 수 없었지만 그 가정에도 나름대로 어려움이 있다는 정도의 암시를 주고 성경공부 시간에 서로 갈등을 겪게 되면 조용히 다른 주제로 토론의 방향을 옮겨 줄 것을 부탁하였다.

## 7. 목회적 결정의 포함

현장 중심의 목회 돌봄은 공동체내에서 여러 관점들이 자연스럽게 표현되고 서로 그 관점들을 충분히 토론하고 나누는 분위기를 유지하면서도 목회적으로 중요한 결정을 이끌어 내야 한다는 데에 다섯 번째 특성이 있다.

앞의 사례에서 성경공부 시간에 갈등을 빚은 두 성도는 모두 11개월 전에 암으로 소천한 장로가 기부한 토지의 매각 비용을 어떻게 사용할 것인지에 대하여 논의하는 특별 위원회에 참여하고 있었다. 이 특별 위원회에는 이들뿐만 아니라 교회내의 제직회원 그리고 지역 사회의 대표도 참여하고 있었다.

이 특별 위원회의 구성원들은 세 가지 입장으로 나누어졌다. 우울증을 겪는 아내를 둔 성도가 대표가 되는 구성원들은 토지 매각 비용을 목회 상담 센터를 운영하는 비용으로 충당하자고 주장하였다. 그러나 성격장애의 성향을 보이는 성도가 포함된 구성원들은 노숙자들을 위한 쉼터를 짓는데 사용하기를 원하였다. 마지막으로 토지 매각대금을 헌납한 손자가 속한 구성원들은 어떠한 결정도 내리지 못하고 있었다. 이렇게 위원회의 구성원들의 입장이 여러 가지로 나누어지는 상황 가운데, 목회자는 무엇보다 고인의 손자가 경험하고 있는 애도의 슬픔이 가장 마음에 쓰였다. 목회자는 고인의 손자와 면담을 통하여 비록 고인이 그 비용의 사용 용도를 정확히 지정하지 않고 돌아가셨지만 생전에 교회의 낡은 오르간을 교체하는 것에 대하여 자주 언급하였음을 이야기하게 되었다. 그러자 손자를 중심으로 하는 구성원들은 낡은 오르간의 교체를 원하였다.

여기에서 목회자는 자연스럽게 여러 입장으로 나누어진 위원회의 구성원들에게 어느 한쪽의 입장만을 지지하면서 다른 입장의 구성원들에게 그 입장을 따르라고 말하는 것은 반대 입장에 서 있는 구성원들의 불만을 살 우려가 있음을 생각할 수밖에 없다. 따라서 어떤 한쪽의 입장을 선택하여도 다른 입장의 구성원들이 설득되어져서 찬성하는 과정을 충분히 거쳐야 한다.

# 8. 다층적 돌봄

현장 중심의 목회 돌봄의 여섯 번째 특성은 목회자와 평신도의 사역 관계, 그리고 그 관계가 다양한 방식으로 교회 공동체에 영향력을 미친다는 것이다. 목회 돌봄으로 맺어진 관계의 경계는 상호 침투적 porous 인 특징을 갖기 쉽다. 다시 말해서 사역과 성도들의 신앙생활 그리고 돌봄의 각 영역이 서로 겹치는 특성을 보인다. 따라서 앞에서 설명한 위원회 세 가지 입장으로 나누어진 의 결정은 단순히 그 헌납금의 사용에만 영향을 미치지 않는다. 어떤 방향으로 헌납금을 사용하기로 결정하더라도 그 결정은 위원회의 행정, 교회내의 여러 조직체계, 업무 진행 방식 등 교회 구성원들이 여러 방식으로 복잡하게 얽혀있는 관계의 역동에도 영향을 미친다. 그만큼 교회 공동체 안에 여러 목적에 따라서 다양한 조직이 구성되어 있으며, 한 조직의 구성원은 다른 여러 조직에도 포함되어 있기 때문이다.

위의 돌봄 사례에서 헌납금의 사용에 대하여 논의하기 위하여 조직된 위원회의 구성원들은 각자 원하는 방식대로 헌납금이 사용되기를 원하였다. 그러나 현장중심의 목회 돌봄의 관점에서 볼 때에 사역, 성도들의 신앙생활 사이에 상호 침투하지 않고, 엄격하게 분리된 hard and fast impervious 경계는 거의 존재하지 않는다. 따라서 목회자는 위원회의 구성원들에게 어떤 선택을 하자고 제안하기 이전에 각 구성원들의 선택에 대한 이유를 생각하도록 이끌 필요가 있다. 다시 말해서, 보다 큰 관점에서 그 선택이 공동체에 미칠 수 있는 다양한 영향력을 살펴보면서 서서히 어떤 선택이 보다 바람직한지를 생각하는 과정이 선택 자체보다 중요하다. 그러면 어떤 상황에 대한 돌봄 기록이 필요한 것인가?

## 9. 돌봄이 필요한 상황

목회 돌봄 사례 기록은 돌봄이 필요한 상황을 설명하는 데에서 시작된다. 그러나 사례 기록자가 중요하다고 보는 돌봄이 필요한 상황을 다른 해석자는 그렇지 않다고 볼 수도 있다. 또한 돌봄 사례가 종결된 후에 사례 기록을 다시 보면서 기록자 자신도 시각이 바뀌어서 처음에 돌봄이 필요하다고 보았던 상황이 반드시 그렇지 않다는 인식으로 변하게 될 수도 있다. 예를 들어서 앞의 사례에서 목회자와 우울증을 겪는 아내를 둔 성도가 주고받은 대화가 기록된 사례를 처음에 읽을 때에 해석자는 심리적 요인이 가장 돌봄이 필요한 상황이라고 이해할 수 있다. 그러나 사례 안에 등장하는 인물들의 관계를 살펴보면서 심리적 돌봄보다 더 깊은 돌봄이 필요한 상황이 있음을 감지하게 될 수 있다. 또한 성격장애라는 심리적 어려움 때문에 이혼의 위기를 겪는 부부도 동일한 목회자와 돌봄 관계를 맺고 있다. 이때 돌봄자는 심리적 어려움 때문에 결혼생활이 파국에 이를 것이라고 쉽게 결론을 내리기보다 결혼생활의 유지와 관련된 여러 조건을 살펴본 후에 여전히 심리적 어려움이 결혼생활을 유지하기 힘들 정도로 영향력을 미치는

지를 판단하는 것이 바람직할 것이다.

또한 위의 사례에서 성격장애를 겪는 성도가 함부로 말을 해서 우울증을 겪는 아내를 둔 성도와 갈등을 빚어낸다. 그렇다면 이 갈등을 돌봄이 필요한 중요한 상황이라고 볼 것인가? 목회자에 따라서 이 갈등보다 우울증을 앓는 아내를 둔 성도에 대한 개인적인 돌봄이 더욱 중요하다고 생각할 수도 있다.

한편 성격장애의 성향을 보이는 성도는 특별 위원회가 헌납금의 사용 방식을 결정하는 과정에서도 문제를 야기할 수 있어서 돌봄을 필요로 한다. 위원회의 구성원들은 각자 자신의 시각에서 헌납금의 사용 방식을 주장하지만, 그 결과는 위원회 전체뿐만 아니라 위원회에 참여하지 않은 공동체 전체에게 영향을 미치게 된다. 그리고 목회자는 이런 교회공동체의 특성을 잘 알기 때문에 개개의 구성원보다 큰 시야에서 상황을 바라보고 있지만, 구성원들이 볼 때에는 목회자가 특정 입장을 지지하거나 다른 입장들을 배척하는 것처럼 보인다고 오해하게 될 수도 있다.

이 사례에서 목회자가 처한 현장은 우울증을 겪는 아내를 둔 성도의 어려움, 성격장애를 겪는 성도의 결혼생활의 파국, 토지 대금을 헌납한 성도의 손자가 경험하는 애도의 슬픔과 헌금의 사용 용도의 선택에 대하여 여러 입장으로 나누어진 위원회를 포함해서 매우 복잡하다. 목회자는 그들 모두를 돌보아야 한다는 부담감 때문에 무기력감을 느낄 수도 있다. 이때에 목회자가 무기력감에 압도되지 않고, 반드시 혼자서 공동체 전체의 돌봄 사역을 감당할 필요가 없음을 깨닫게 될 수도 있다. 다시 말해서 목회자가 모든 돌봄을 홀로 감당하지 않으면 목회자로서 권위를 잃게 되고 체면을 유지할 수 없다는 관점에서 벗어난다면 보다 다양한 돌봄의 방식을 생각할 수 있는 가능성이 높아진다.

다행히 위의 사례에서 목회자는 우울증을 겪는 아내를 둔 성도에게 새로운 심리치료사를 찾아가서 결혼생활의 유지여부뿐만 아니라 자녀양육도 포함된 주제에 대하여 상담을 받도록 설득하였다. 또한 헌납금의 사용과 관련된 선택을 결정해야 하는 위원회 구성원들에게 그 결정은 앞으로 교회 전체 공동체의 사역방향에도 영향을 미칠 수 있기 때문에, 시간적 여유를 두면서 논의하도록 권유하였다. 이런 결정을 내리고 일단 한 숨을 돌린 후에 나머지 돌봄 방식에 대해서 생각할 여유를 얻게 되었다.

돌봄자는 어떤 돌봄이 필요한 상황이 발생하였다고 생각되면 구체적으로 어떤 돌봄이 필요하며, 돌봄을 실시하는 방법을 선택하여야 한다. 이때에 돌봄자가 혼자서 모든 돌봄을 감당해서 목회자로서의 권위와 유능함을 보여야 한다는 생각에서 벗어나게 되면 다양한 방식으로 돌봄을 실시할 수 있는 시각을 얻게 된다. 목회 현장에서 언제나 돌봄이 필요한 상황이 발생하며, 이때에 돌봄자의 돌봄 방법에 대한 관점 특히 돌봄자가 목회자인 경우에 본인이 모든 돌봄을 실천해야 한다는 입장을 취하는 경우와 필요하면 공동체의 구성원들이나 외부 기관의 도움을 받아서 돌봄을 실천할 수 있다는 입장 에 따라서 다양한 돌봄의 실천이 가능하게 될 수도 있고 그렇지 못할 수도 있다. 그리고 돌봄 방법의 선택에는 돌봄자가 자신을 어떻게 평가하는지의 여부, 다시 말해서 자기 이해가 영향을 끼친다. 예를 들어서 돌봄자가 돌봄을 위해서 타인과 협력하게 되어도 자신이 무능하다는 자기 이해를 갖지 않게 될수록 공동체 구성원들의 역량과 기타 외부 기관의 영향력까지 돌봄에 활용할 수 있게 되어서, 한층 폭 넓은 돌봄이 가능하게 된다. 나는 개인적으로 뛰어난 역량을 가지고 있지만 건강하지 않은 자기 이해를 가져서 타인의 돌봄의 역량을 활용하지 못하는 돌봄자보다, 건강한 자기 이해를 통해서 보다 열린 마음으로 주변 사람들을 돌봄의 동역자들로 만들 수 있는 돌봄자가 되기를 추천한다.

## 10. 사실 내용에 포함된 원리

제1장에서 설명하였듯이 돌봄 사례에서 돌봄 방법론과 등장인물 사이의 역동은 사실 내용에 포함된 두 가지 원리이기 때문에 목회 돌봄 사례의 이해를 위해서 이 두 원리의 분별이 필요하다. 한편 전통적으로 목회 돌봄은 개인과 가족에 대한 목회자의 사역이라는 이해가 근본 원리였다. 동시에 이 원리는 교회 공동체내에서 평신도들에 의해서도 돌봄이 가능하다는 인식을 갖지 못하게 하고 공동체를 단순히 사람들의 집합체 20세기의 관점 로만 바라보는 경향으로 이끌었으며, 목회 돌봄 교육에서 현장 중심에서 성도들에 의한 돌봄이 무시되는 경향을 낳았다. 이런 관점은 오늘날 더이상 돌봄 사례의 해석을 위한 시각으로서의 효력을 잃고 있다. 더 나아가서 오늘날의 다양하게 변화하는 현대 사회에서 사례의 사실 내용 안에서 다양한 돌봄의 방법론과 원리를 발굴하는 해석학적 태도가 필요하며 비단 목회자뿐만 아니라 공동체 전원이 돌봄을 실천하기 위해 존재한다고 말하고 싶다.

이런 관점의 목회 돌봄의 의미를 논의하기 위해서 마태복음 25:31-46의 양과 염소의 비유를 설명하고자 한다. 비유에서 양과 염소의 구분은 사람들을 돌보기, 감옥에 갇힌 자들을 방문하기, 목마른 자에게 마실 것을 주기, 병든 자들을 돌보기, 배고픈 자에게 먹을 것을 주기, 벗은 자에게 옷을 주기, 나그네를 대접하기 등의 돌봄의 특성을 지닌 행동의 실천 여부가 그 결정의 근거가 된다. 이런 돌봄을 베푼 이들은 왕국에서 환영을 받는 양이 되고, 돌봄을 베풀지 않은 이들은 꺼지지 않는 불속으로 던져지는 염소가 된다는 무서운 심판의 말씀은 다음과 같이 시작된다.

> 인자가 자기 영광으로 모든 천사와 함께 올 때에 자기 영광의 보좌에 앉으리니, 모든 민족을 그 앞에 모으고 각각 구분하기를 목자가 양과 염소를 구분하는 것 같이 하여, 양은 그 오른편에 염소는 왼편에 두리라. 그 때에 임금이 그 오른편에 있는 자들에게 이르시되 "내 아버지께 복 받을 자들이여 나아와 창세로부터 너희를 위하여 예비된 나라를 상속받으라. 내가 주릴 때에 너희가 먹을 것을 주었고 목마를 때에 마시게 하였고 나그네 되었을 때에 영접하였고, 헐벗었을 때에 옷을 입혔고 병들었을 때에 돌보았고 옥에 갇혔을 때에 와서 보았느니라."●(마태복음 25:31-36)

그런데 예수 그리스도의 오른편에 있는 양들은 이런 돌봄을 베푼 사실을 기억하지 못한다.

> 이에 의인들이 대답하여 이르되 "주여 우리가 어느 때에 주께서 주리

● 개역개정판 마태복음 25:31~36.

신 것을 보고 음식을 대접하였으며 목마르신 것을 보고 마시게 하였나이까? 어느 때에 나그네 되신 것을 보고 영접하였으며 헐벗으신 것을 보고 옷 입혔나이까? 어느 때에 병드신 것이나 옥에 갇히신 것을 보고 가서 뵈었나이까?" 하리니 임금이 대답하여 이르시되 "내가 진실로 너희에게 이르노니 너희가 여기 내 형제 중에 지극히 작은 자 하나에게 한 것이 곧 내게 한 것이니라."●●

**또한 예수 그리스도는 왼쪽에 있는 염소들에게도 다음과 같이 말씀하신다.**

또 왼편에 있는 자들에게 이르시되 "저주를 받은 자들아 나를 떠나 마귀와 그 사자들을 위하여 예비된 영원한 불에 들어가라. 내가 주릴 때에 너희가 먹을 것을 주지 아니하였고 목마를 때에 마시게 하지 아니하였고, 나그네 되었을 때에 영접하지 아니하였고 헐벗었을 때에 옷 입히지 아니하였고 병들었을 때와 옥에 갇혔을 때에 돌보지 아니하였느니라." 하시니, 그들도 대답하여 이르되 "주여 우리가 어느 때에 주께서 주리신 것이나 목마르신 것이나 나그네 되신 것이나 헐벗으신 것이나 병드신 것이나 옥에 갇히신 것을 보고 공양하지 아니하더이까?" 이에 임금이 대답하여 이르시되 "내가 진실로 너희에게 이르노니 이 지극히 작은 자 하나에게 하지 아니한 것이 곧 내게 하지 아니한 것이니라." 하시니, 그들은 영벌에, 의인들은 영생에 들어가리라 하시니라.●●●

●● 개역개정판 마태복음 25:37~40.
●●● 개역개정판 마태복음 25:41~46.

이 구절에서 일상적이고 평범해 보이는 돌봄의 행위가 영원한 생명과 심판과 관련된다는 사실이 놀랍다. 이 성경구절은 목회 돌봄의 이해에 대하여 예수 그리스도는 인간 돌봄을 실천하였는지의 여부로 평가한다는 관점을 설명한다. 따라서 도움이 필요한 이들을 돌보는 행위가 바로 성도들이 실천해야 할 중요한 그리스도교의 가치가 된다.

## 11. 가치를 선사하는 돌봄

생활 속의 실천이라는 차원에서 목회 돌봄은 팔리 Edward Farley, 1966 가 "공동체가 스스로를 이해하고, 목표를 정하고, 문화적 비평의 표준으로 삼는"(3) 깊은 상징 deep symbol 이라고 부른 것과 그 의미가 다소 흡사하다. 또한 의무, 법 그리고 희망 같은 것들은 깊은 상징으로 인간의 삶을 지탱하고 인도하는 가치로 존재 한다. 그는 깊은 상징이 "공동체 자체를 유지시키는 언어적 구조"(3)이며, 지속적으로 "상징을 가지고 살아가는 개인과 그 개인들이 모여서 형성되는 공동체안의 언어사용과 의례에 지속적인 힘을 부여"(3)하기 때문에 힘의 언어라고도 부른다.

힘을 부여하고 지속되는 가치로써 목회 돌봄은 기독교 공동체의 행위 규범의 기준이 되는 이상을 제시한다. 위의 성서 본문은 타인의 돌봄이라는 이상을 지향한다. 영생을 보답으로 받은 이들은 특별한 돌봄의 필요를 느끼는 이들을 도왔다. 배고픔이 채워졌고, 목마름이 해갈되었으며, 나그네가 환영을 받았고, 벗은 자가 옷 입혀졌으며, 병든 자가 간호를 받고, 갇힌 자가 방문을 받았다. 목회 돌봄의 이상이 우리로 하여금 병든 자에게 관심을 갖고, 고통 받는 이들의 개인적인 필요에 따라 돌봄을 베풀 것을 권한다. 한 마디로 현재의 상황에서 고통 받는 이들의 필요에 반응해서, 위로, 회복 그리고 풍성함을 공급하는 것이 목회 돌봄의 실천이다. 바로 현재 내가 살아가는 곳에서 개인, 부부, 가족 그리고 교회와 지역 사회를 포함한 집단 안에 돌봄을 받고자 하는 욕구가 존재하기 때문이다. 신학자 맥페이그 Sallie McFague 는 타인의 돌봄에 대하여 "기독교는 결핍을 느끼는 이들에 대한 돌봄을 최우선시 하는 종교이며, 기독교인들은 막연한 사랑이 아니라 핍박받고, 헐벗고, 멸시받고, 잊힌 이들에게 사랑의 눈길을 돌리는 사람들이다."(1997, 99)라는 감동적인 말을 한다.

비단 목회자들만이 타인의 돌봄과 관련된 기독교적인 가치를 실천해야 하는 것은 아니다. 목회자를 포함한 모든 기독교인들은 만나는 모든 이들의 고통에 관심을 가져야 한다. 모든 이들은 언젠가는 어떤 도움이 필요하기 마련이며 그때에 누군가는 도움의 손길을 뻗쳐야 한다. 그리고 돌봄의 이상에 따르면 단지 몇 마디의 대화만으로 돌봄을 베풀었다고 말할 수는 없으며, 각 돌봄 상황의 역동을 정확하게 이해하고, 그 상황에 적합한 방법으로 돌보아야 한다.

집이 없이 떠도는 배고픈 이들을 먹이는 상황을 예로 들어보자. 일시적으로 교회 공동체에서 이들을 돌볼 수 있지만, 그 돌봄이 지속되기 위해서는 지역 공동체는 물론, 더 나아가서 정부의 정책 예산뿐 아니라 환경도 관리할 필요가 있음 도 포함되어야 한다 McFague, 1997, 164-72. 동시에 영적인 허기를 지닌 이들, 스트레스로부터 자유로워야 할 이들, 관계에

굶주린 이들은 그들의 사연을 들어주고, 개인적 돌봄이 필요한 상황의 해결을 위한 도움을 주고, 신앙으로 삶을 감당하도록 이끌기 위한 개인적 상담과 집단적 지지를 필요로 한다.

## 12. 고통에 참여하시는 예수 그리스도

앞에서 살펴 본 마태복음의 본문은 목회 돌봄에 대한 두 번째 기독교적 함의를 드러낸다. 예수 그리스도는 양에 대한 언급에서 그들이 바로 예수 그리스도를 돌보았기 때문에 천국을 상속받게 된다고 말씀하신다. 즉 그들은 예수 그리스도가 감옥에 갇혔을 때에 찾아갔고, 병들었을 때에 간호하였다는 것이다. 이 말씀을 듣고 상급을 받는 자들은 예수 그리스도를 직접 돌본 기억이 나지 않아서 어리둥절해진다. 그때에 예수 그리스도는 "…… 내가 진실로 너희에게 이르노니 너희가 여기 내 형제 중에 지극히 작은 자 하나에게 한 것이 곧 내게 한 것이니라 ……"(40절)라고 대답 하신다. 타인에 대한 이런 기독교적 관점은 예수 그리스도는 결핍되고 고난 받는 이들과 연대하시고, 하나가 되시고, 동일시하시는 분이심이 드러난다. 한 마디로 그들은 예수 그리스도와 한 가족이기 때문에 그들에게 베푼 돌봄은 곧 예수 그리스도에게 베푼 것이 된다.

프로이트Freud, 1959 는 마태복음 25장 40절의 말씀을 집단 심리학에 대한 저서에서 언급(26)한다. 그는 집단과 리더가 서로를 이해하고 감정적 교류를 공유를 위한 동일시를 강조(37-42)하며, "예수 그리스도는 자신이 각 개인과 연합된 것 unites 처럼, 교회 공동체의 구성원들이 연합되기 unites 를 원한 것이 분명하다."(26)고 말하며, 예수 그리스도가 교회를 자신처럼 사랑 동일시 하심으로써 교회 공동체 안의 구성원들도 서로 사랑 동일시 하도록 모범을 보이셨음을 강조한다. 여기에서 사랑 또는 연합됨 unites 은 본문 40절의 기독교 공동체와 가족의 비유를 통해서, 동일시가 포함된 감정적 연결 emotional tie 을 뜻한다.

마태복음의 본문은 고통 받는 여성과 남성, 노인과 아이로 구성된 가족을 언급하며 예수 그리스도는 이 가족의 구성원들과 자신을 동일시하신다. 이런 동일시가 바로 목회 돌봄의 신학적 이해를 위한 중요한 함의를 가진다. 이런 관점에서 목회 돌봄이 기독교적 관점에서 단순히 돌봄 사역을 실천해야 한다는 함의보다 근원적으로 고통 받는 이들을 돌봄자 자신처럼 동일시하여 그들의 돌봄의 필요성을 충족시켜야 한다는 함의를 가지고 있음을 알 수 있다.

## 13. 주의할 점

예수 그리스도는 염소에 대하여 언급하실 때에, "…… 내가 진실로 너희에게 이르노니 이 지극히 작은 자 하나에게 하지 아니한 것이 곧 내게 하지 아니한 것이니라 ……"(45절)고 말씀하시며 그들이 예수 그리스도를 돌보지 않았다고 하신다. 이 말씀은 그들을 어리둥절하게 만든다. 예수님은 이 말씀을 통하여 목회 돌봄에 소홀함이 있을 수 있음을 암시하신다.

현실적으로 목회 돌봄자는 도움이 필요한 이들의 절실한 상황을 보고도 대충 도와주기도 하고, 아예 못 본 척하며 외면 할 수도 있다. 목회 돌봄이 본문의 이상을 지향하지 못하게 될 때에 생명력 없이 형식적인 돌봄을 베풀게 되거나, 공동체에서 주도권을 얻기 위해서 경쟁자보다 나아 보이려고 생색내기식의 돌봄을 베풀 수 있다. 어느 시대나 교회 공동체는 이상적 가치를 지양하는 돌봄이 실천될 수 있도록 깨어서 점검하는 노력을 게을리 하지 말아야 한다.

## 14. 사실 내용 안에서 돌봄의 분별

지금까지 목회 돌봄에 대하여 목회자, 몇몇 교회 구성원들, 그리고 위원회가 헌납금의 사용 방식을 결정하려는 논의에 대한 사례에서 발견할 수 있는 원리를 살펴보았다. 이 돌봄 원리는 제3장의 서두에서 설명하였듯이 사례의 사실 내용을 평가하는 데에 사용될 수 있다. 그리고 제1장에서 연역적 추론의 방식으로 사례 해석을 하는 과정이 평가라고 설명하였다.

평가의 본질은 사례에 포함된 원리를 밝히는 것이며, 법률적 사례에서 법리를 유추하듯이, 돌봄의 원리도 사례의 사실 내용에서 자연스럽게 유추되어야 한다. 이 과정에서 평가는 사례의 사실 내용에서 일반화될 수 있는 개념을 얻어내는 기능을 담당한다. 특정 사례의 평가를 통하여 얻게 된 개념들이 모이면, 그 개념들을 현장 중심의 돌봄에서 실천할 수 있도록 일정한 방향으로 체계화시켜서 보다 발전된 개념을 얻을 수 있다 제4장에서 이 방향성에 대하여 설명할 것이다.

기독교적 가치로서 목회 돌봄은 사전 통지 없이 낙심한 성도를 만나는 현장에서 목회자가 대화를 시작하는 데에서 나타난다. 목회자와 대화하려는 성도의 욕구 그 자체로 대화가 시작되기에 충분하다. 그러나 목회 돌봄이 고통 받는 이들에게 돌봄자들이 관심을 갖도록 이끄는 이상에 부합되려면 성도의 삶의 현장에서 잠시 대화를 나누는 돌봄으로 충분하지 않다.

따라서 목회자는 수차례 지속되는 깊이 있는 면담을 통하여 상대방의 마음에 숨겨졌던 고통의 내용을 인식해야 한다. 예를 들어서 앞의 사례에서 우울증을 겪는 아내를 둔 성도, 성격장애를 겪어서 타인과 불화를 빚기 쉬운 성도가 처한 상황은 한 두 번의 면담만으로 상황을 파악하기 어렵다. 위원회가 헌납금의 사용방식에 대하여 여러 의견으로 나누어질 때에 성도 개개인의 고통을 집단적으로 투사하려는 시도가 파악될 수 있다. 위의 사례에서 장기간 논의만 지속되고 어떤 의견의 합의에 도달하지 못하게 되면, 각각의 입장을 주도하는 성도들 낙심하는 성도, 성격장애의 성도, 할아버지를 애도하는 성도 간에 갈등만 더욱 커질 수 있다. 한편 교회가 목회상담 센터나 노숙자들을 위한 쉼터의 건립을 통하여 지역사회에 공헌하기를 기대하고 지켜보는 교회 밖의 시선도 무시할 수 없다.

여기서 목회자는 개개 성도들의 고통 받는 상황도 이해하고, 또한 교회 공동체 차원에서 헌납금의 사용방식을 결정해야 하는 상황도 고려해야 한다. 실제로 많은 목회자들이 목회 현장에서 이와 비슷한 상황에 처할 수 있으며, 이때에 그들은 쉽게 이러지도 못하고 저러지도 못하는 꼼짝달싹 못하는 상태에 처할 수 있다. 위의 사례에서 목회자는 혼자만의 힘으로 이 모든 돌봄이 필요한 상황을 해결하겠다는 관점을 벗어나는 것이 중요하다. 예를 들어서, 우울증을 겪는 아내를 둔 성도는 아내의 심리적 돌봄이 필요한 상황과 관련되어서 전문적인 도움을 받고 있고, 성격장애의 성도도 심리치료를 받을 수 있다. 또한 목회자 개인뿐만 아니라 위원회의 모든 구성원들은 지역 사회의 요구에도 부응해야 한다는 사실을 어느 정도 인식하고 있다. 할아버지를 여읜 손자는 개인적으로 여러 성도들로부터 그리고 성가대에서 찬양대로 활동하고 오르간을 연주하는 봉사를 통하여 위로를 얻고 있다. 목회자는 지금 당장 모든 성도들을 동시에 만족시킬 돌봄의 방법을 찾기는 쉽지 않지만, 여유를 가지고 지켜보면서 각 성도들의 필요에 맞게 구분된 돌봄이 진행될 수 있음을 인식할 필요가 있다. 한 마디로 목회자뿐만 아니라, 교회 공동체 구성원들이 서로 돌봄을 제공해서 서로의 고통이 줄어들도록 도울 수 있다는 돌봄 관점의 전환이 필요하다.

목회자는 공동체의 한가운데에 모든 고통 받는 이들과 자신을 동일시하며 서있는 예수 그리스도를 볼 수 있을까? 마태복음 25장의 본문에서 마태는 목마른 이에게 마실 것을 주는 행동은 매우 현실적이며 최고의 가치를 지니고, 종교적 특성을 가진 돌봄이라고 강력하게 주장한다. 바로 고통 받는 이들과 자신을 동일시하는 예수 그리스도를 돌보게 되기 때문이다. 그렇다면 위의 사례에서 예수 그리스도는 우울증과 성격장애로 어려움을 겪는 가정들과 그 자녀, 애도 중의 손자, 지역사회에서 도움이 필요한 이들, 그리고 모든 성도들을 돌보아야 하는 책임감을 느끼는 목회자는 위원회에게 어떤 의견이 채택되느냐의 여부보다 고통 받는 개인과 연합된 예수 그리스도의 마음을 이해하는가의 여부와 관련되어서 헌금 사용의 선택 방법이 결정되어야 한다는 공동체에게 관점을 이해시킬 수 있다.

목회자는 위원회의 논의를 이런 관점에서 시작되도록 이끌어야 하며, 동시에 목회자 홀로 모두 공동체 안에서 고통 받는 이들의 필요를 충족시킬 수도 없음을 인지시켜야 한다. 따라서 목회자 개인뿐만 아니라 위원회의 구성원들이 서로 돌봄의 주체가 될 수 있다고 깨닫게 되면 목회자 홀로 돌봄의 짐을 질 때보다 돌봄의 짐이 가벼워지게 된다. 위원회에 모인 이들에게 목회 돌봄의 여섯 번째 특성인 구성원 간의 상호 침투적인 돌봄, 즉 교회 공동체 전체에 대하여 위원회라는 조직을 통한 행정적 차원의 돌봄, 집단적 차원의 돌봄, 그리고 개인적 차원의 돌봄이 가능하다는 사실을 깨닫도록 이끌 수 있다.

한편, 돌봄의 총 지위자로서 목회자는 한층 더 깊은 식견을 가져야 한다. 위원회에게 세세하고 다양한 내용과 방식의 그물코로 짜인 돌봄이라는 그물망을 담는 하나의 그림을 제시해야 한다. 바로 여기서 목회자의 돌봄에 대한 신학적 관점이 반영된다. 이 신학적 관점에는 기본적 목회 활동예배와 설교과 지금 진행하는 돌봄이 함께 어우러져서 앞으로 어떤 결과를 가져올지에 대한 숙고와 예견이 포함되어야 한다. 고통 받는 성도와의 개별적 돌봄은 매주, 매월 또는 절기별로 일정하게 진행되는 목회 활동과 더 나아가서 미래 사역의 방향성과 연결되어야 한다. 특히 예배와 설교를 중심으로 하는 목회 활동은 목회자의 고유한 돌봄 영역이며, 다양한 돌봄의 그물망을 움직이는 무게중심이다. 목회자의 설교는 특정인을 겨냥하기보다, 모든 돌봄의 균형과 방향을 아우를 수 있는 그림을 제시하는 메시지를 담아야 한다. 또한 예배 때의 찬양, 순서, 인도자의 스타일 등도 성도들에게 민감한 영향력을 준다. 특히 고통 받는 성도들은 예배를 통하여 하나님 만나기를 간절히 소망하기 때문에 목회자는 예배를 드리는 바로 그 곳에서 하나님과 고통 받는 이들의 은혜로운 만남이 일어나도록 모든 노력을 기울여야 한다.

마지막으로 마태복음의 말씀을 통해 앞의 사례에서 '염소가 한 마리라도 남아있는가?'하는 돌봄이 필요한 상황을 살펴 볼 수 있다. 염소는 누구인가? 세 가지로 살펴 볼 수 있다.

첫째, 목회자는 자신이 게으르다고 느낄 수 있다. 하지만 실제로 그런지의 여부는 상황에 따라서 판단되어야 한다. 예를 들어서, 교회 공동체에서 목회자만 돌봄자의 역할을 맡고 다른 구성원들은 돌봄에 참여하지 않는다면, 목회자는 여러 구성원들의 이해관계 속에서 소신 있게 돌봄자의 역할을 감당하지 못하며 항상 돌봄자로서 자신이 부족하다고 느낄 수 있다. 둘째, 교회 구성원 중에 개인적으로 어려움을 겪고 있어서 다른 교회 구성원을 위한 돌봄을 베풀지 못하는 경우도 있다. 앞의 사례에서 애도의 슬픔을 겪는 손자가 소천하신 할아버지는 생전에 낡은 오르간을 보시며 마음이 불편하셨다고 생각해서 헌납금을 오직 새 오르간의 구입에만 사용 교회 공동체를 위하여 유용하게 사용할 다른 방법에 대하여 생각하기를 꺼리고 해야 한다고 주장하게 되면 개인적 입장에 지나치게 빠져서 공동체 전체의 유익을 고려하기 어렵게 될 수 있다. 셋째, 낙심하고 이혼의 위기에 처한 성도들은 개인적인 어려움의 영향을 받고 있지만 각각 상담 센터를 짓거나 노숙자 쉼터를 만들자는 의견을 내어서 나름대로 비교적 공동체를 위하여 헌납금이 사용될 수 있는 의견을 내놓았다. 그러나 여전히 자신이 원하는 방식으로 헌납금이 사용되지 않는 것을 받아들일 수 없다는 융통성 없는 강경한 태도를 보일 여지가 남아있다.

이처럼 돌봄에서 언제나 실패가 발생할 가능성이 있음을 명심해야 한다. 현대 사회는 매우 빠른 속도로 상황이 변하기 때문에 많은 이들이 참여해서 계획을 세울 때에는 시간이 지나면서 처음에 예상했던 것보다 돌봄의 효율성이 떨어진다고 생각되기 쉽다. 제3장의 마지막에서 돌봄의 실패에 대하여 좀 더 자세히 설명하려고 한다.


## 15. 돌봄의 위축 가능성


오늘날 세계는 빠르게 변화하며, 이런 변화가 경제, 문화 그리고 종교 생활에 많은 영향을 끼치고 있다. 목회 돌봄도 세파에서 자유로울 수 없다. 목회 신학자들은 포스트모더니즘과 목회 돌봄이라는 주제 하에 이런 현상을 논의하지만, 어떤 결론을 내리기는 어렵다.

팔리 Farley, 1996 는 포스트모더니즘과 현대의 깊은 상징의 연관성을 연구해서 새로운 문화적 신기원을 이끈 심오한 역사적 추이에 관심을 갖는다. "포스트모더니즘이라는 용어는 많은 의미를 가지고 있다. 역사적 추이, 새로운 시대의 태동과 관련해서 다원주의 지역주의로부터, 상대주의 절대주의로부터, 그리고 개별주의 획일화된 권위주의로부터 라는 자유를 향한 움직임의 표현이며, 동시에 우리 자신의 자기가 흩어지고, 통제의 사슬에 길들여지고, 소외되고, 또는 자유로워질 때조차 경험하는 공허함과 염려를 묘사한다"(12). 이런 심오한 역사적 추이는 문화와 인류에게 영향을 끼쳐서, 불안정한 상황 속에 깊은 상징을 위치시킨다. "문화 없는 사회 속에서 살아간다면 의식의 와해를 경험하며, 이름이 없다면 언어가 부여하는 힘을 얻을 수 없다. 언어로써 기억, 생각, 정체성이 유지된다"(12).

팔리 Farley 가 묘사하는 포스트모던의 세계에서 목회 돌봄은 깊은 상징으로써 무감각 또는 쇠퇴의 경향과 마주하게 되어있다. 언어적 의미가 부식되면 목회 돌봄이 약화될 수 있고, 더이상 종교적 연관성을 전달하지 못하게 될 수 있으며 목회 돌봄에서 기독교적 특성이 차단된다. 제1장에서 1930년대에 보이슨 Boisen, 캐봇 Cabot 그리고 딕스 Dicks 가 현대적 언어를 더욱 선호하게 되면서 '영혼의 치료' cure of souls 라고 불리던 목회 돌봄의 쇠퇴를 목격하게 되었음을 설명하였다. 비록 캐봇 Cabot 이 '영혼의 성장' growth of souls 이라는 용어를 사용하였지만, 그 용어조차 딕스 Dicks 의 '목회사역' pastoral care 을 조금 바꾸어 표현한 것에 불과하다. 이후 19세기에 '목회 돌봄과 상담' pastoral care and counseling 이라는 용어가 등장하기까지 꽤 오랜 시간이 걸렸으며 '영혼의 성장', '목회사역', '목회 돌봄과 상담'이라는 용어 중에서 그 어느 것도 '영혼의 치료'의 시적이고 영적인 깊이와 비슷한 수준에 이르지 못하였다.

팔리 Farley 가 말하는 '인간상호간 영역' interhuman sphere 은 인간관계의 가장 근원적인 사적 친밀함과 관련되며, 그 안에서 목회 돌봄은 가장 신랄한 도전에 직면한다. 이 영역은 개인의 집합체도 아니고 기관의 구조도 아니다. 수년간 어머니와 유아, 아내와 남편, 친구 사이에서 형성되는 관계이며, 개인의 심리역동이나 사회적 기관으로 환원되지 않는다. 한 마디로 '환원될 수 없는 자기'irreducible itself 이다. 이 관계는 사랑, 경쟁 또는 죄악의 특성을 가지며, 폭력과 배신으로 얼룩질 수도 있고, 반대로 깊어지고, 새로워질 수도 있다(21).

팔리 Farley 는 인간상호성에 대한 이해를 레비나스 Emmanuel Levinas 가 주장한 개인의 자기중심주의에서 관계성으로의 자연스러운 변화로써 '상처받기 쉬운 얼굴'vulnerable face 이라 부르는 과정으로 형성된다고 말한다. 그는 인간상호성 interhuman 을 맺는 능력은 이미 유아기때에 개별적 자기인식 self-conscious individual 의 형성과 함께 시작되며, 인간이 모여서 만든 조직과 기관은 인간상호성의 기초로 만들어진다고 주장한다. 여기에서 팔리 Farley 가 말하는 인간상호성은 인간의 삶에서 깊은 상징이라는 힘을 통하여 모든 인간관계와 조직의 기초를 이루는 기능을 담당한다. 포스트모던 사회에서 조직안의 인간관계의 친밀함의 와해와 피상성은 인간상호성에 부정적 영향을 끼친다. 그는 포스트모던 시대의 인간상호성의 결핍의 특성이 사적인 삶에까지 영향을 끼친다고 생각하는 듯이 보인다. 그래서 현대인은 인간상호성이 주는 깊은 상징의 힘을 경험하기 어렵게 되고 '상처받은 얼굴'vulnerable face 을 보이게되며, 또다시 타인에게 지지와 격려를 주는 능력이 감소하게 된다. 오늘날 가정과 성돌봄이 필요한 상황이 이런 현상을 가장 분명하게 보여준다. "현대 사회는 얼굴 없는 비인격적 성관계가 늘어나며, 끊임없이 상대방을 통제하면서 힘을 느끼기 위해서 결혼을 하기 때문에 점점 가족의 결속력이 약화된다. 얼굴 없는 관계와 통제하려는 힘의 남용이 친밀감의 상실과 소외로 가득 찬 삶의 환경을 만들어낸다"(22).

현대 사회에서 목회 돌봄과 상담에 대해 상담적 모델을 넘어서기를 원하는 요청은 목회 돌봄 교육 안에서 성도에게 좀 더 다가갈 수 있는 문을 열어 놓았다. 그러나 아직은 갈 길이 멀다. 상담을 넘어서려는 움직임은 목회 돌봄을 사회과학 안에 위치시켰다. 대학교에서 사회과학자들은 교회 공동체와 관련된 돌봄을 학문적 방법론으로 연구할 뿐이다. 따라서 목회 돌봄 교육은 여전히 교회 공동체와의 간극을 좁히지 못하고 있다. 아직도 임상 기관들이 대부분의 방법론을 제시하고 있지만, 대학에 기반을 둔 사회과학은 삶의 고난이 다른 사회 과학에 상응하는 모든 차원을 포함하는 지경에까지 확대되고 있다는 관점에서 교회 구성원에 대한 관점을 변화시키고 있다.

마지막으로 현대 사회에서 많은 신앙 공동체들이 핵심까지 흔들리고 신앙 공동체와 점점 더 낯설어지고 이질적이 되어가는 것처럼 보이는 사회에서 생존에 모든 노력을 기울이고 있다. 이 때문에 교회에서 조차 목회 돌봄의 감각이 무뎌지는 atrophy 고통을 받고 있다.

팔리 Farley 는 "빅토리아 시대의 선조들에게 충격을 주고 두려움을 주었던 다른 신앙, 다른 민족 전통, 다른 사회 행위가 만연하는 시대를 살고 있는 기독교 공동체"(17)라는 글에서 이런 현상을 설명한다. 이 글에서 교회는 생존을 위한 활동만 하게 되는 유혹에 빠질 수 있으며, 이렇게 되면 교회 공동체가 타인을 돌보기 위한 기능을 발휘하지 못하게 된다고 한다. 팔리 Farley 는 이런 상황에서 기독교는 생명력의 울림으로써의 상징이 힘을 발휘하지 될 수 있다고 말한다.

기독교의 생명력의 울림은 언제나 존재한다. 그건 옛날의 일이라고 생각하게 될 수도 있지만, 누구나 역사 안에서 그 울림이 울려 퍼졌었던 것을 기억한다. 먼 옛날 이스라엘 백성의 출애굽의 감동을 잊지 말라. 시적 감동과 울림으로 그 사건을 상상하라. 오늘날 우리도 이 땅에서 나그네라고 느끼고, 주님의 현존을 고대하며 살아간다. 이 땅의 지배세력, 정치, 관습, 언어 등이 본질적으로 나의 것이 아니라고 느낄 때에, 그 상황에서 오히려 주님을 찬양할 수 있는가? 잠시 악기를 내려놓고, 마음속에 울림을 느껴볼 수 있을까? 엄청난 시간과 문화(서구 산업화 사회)적 차이를 넘어서서, 여전히 살아있는 울림은 세상의 언어를 뛰어넘는 힘을 가지고 있다(25).

오늘날 '주님을 찬양하는' 교회는 단순히 세상에 속한 공동체가 아니다. 오늘날도 여전히 교회는 성직자와 평신도라는 위계를 넘어서서 먼 옛날 출애굽의 사건에서 이스라엘 백성이 부르던 찬양의 울림이 주었던 생명력을 느낄 수 있는 공동체로 존재한다. 이 생명력의 울림을 듣게 될 때에, 서로를 돌보게 되며, 지역 사회를 향하여 그 돌봄의 역량을 뻗칠 수 있다. 회중안의 다양한 의견과 갈등을 수용하면서, 다양한 인종과 문화적 관점을 가진 사람들과 어우러져 살아남는 공동체가 된다. 오늘날 외형적으로 목회 돌봄이 쇠퇴한 듯이 보이지만, 모든 돌봄의 근원이자 생명력을 주시는 주님이 살아계시기 때문에 교회 공동체는 돌봄의 생명력을 간직하고 있다.

제5장

# 목회 돌봄 사례 해석의 유익

목회 돌봄 사례를 읽고 해석하는 과정에서 발견되는 의미를 실제로 현장 중심의 목회 돌봄에 적용하는 과정을 반복하면서 돌봄의 역량이 성숙되게 된다. 특히 자신의 돌봄 사례를 기록하고 그 기록을 해석하면서 얻게 된 의미를 또 다른 돌봄 현장에 적용해보면 한층 더 큰 효과를 얻게 된다. 목회 돌봄 사례를 해석하는 이유가 바로 여기에 있다. 돌봄 사례의 해석의 가치를 알고 있는 사례 기록자는 사례를 기록할 때에 사례의 해석에서 "수업에 참여한 학생 또는 독자들이 무엇을 배울 것인가?"를 스스로 질문 하게 된다.

제4장은 목회 돌봄 사례가 사례 기록자뿐만 아니라 독자들에게 교육적 가능성이 있음을 증명한다. 특히 타인이 기록한 사례를 읽는 독자들이 비록 기록된 사례의 실제 목회 돌봄을 경험하지도 않았고, 사례를 기록하는 것을 통하여 얻는 혜택을 직접 경험하지 않았음에도,

사례 해석을 통하여 자신의 돌봄 사례를 더욱 성숙하고 적절하게 실천할 수 있게 된다는 사실에 초점을 두려고 한다.


## 1. 타인의 사례에서 배우기


사례 기록을 살펴 볼 때, 기록된 내용에 대하여 이해가 되기 시작하지만 한편으로 선입견에서 비롯된 오해도 일어난다. 따라서 사례를 읽어가면서 "음 …… 의 의미가 무엇일까? 왜 이런 말을 했을까? 등장인물들이 어떤 일을 겪지?" 등의 의문을 기록해 두는 것이 좋다. 사례의 내용 곳곳에 이런 저런 질문을 기록한 후에 다시 읽게 되면 이해의 폭이 넓어지게 됨을 알 수 있다.

예를 들어서 "음 …… 보자, 가장 눈에 띄는 특징은 …이구나" 등과 같이 두 번째 읽을 때에 사례의 사실 내용의 분별, 숨겨진 원리의 발견이 깊어지면서 더욱 분석적인 해석이 이루어진다. 마지막으로 세 번째 읽기에서는 두 번째의 분석적 읽기를 통하여 드러난 의미에 대하여 자신만의 해석이 이루어진다. 이때의 해석은 두 번째 읽기에서 얻은 분석을 토대로 창출해낸 자기해석이다.

사례를 세 번째 읽으면서 독자가 만들어낸 자기해석이 바로 리꾀르Ricoeur 가 말한 자기화appropriation: 사례에서 드러나는 여러 의미들 중에서 독자가 스스로 의미를 선택하는 과정 이다. 리꾀르Ricoeur 는 해석을 통하여 텍스트가 드러내는 의미를 "텍스트의 세계"the world of the text 라고 불렀다(1981, 182-93).

텍스트의 세계는 독자들이 만나기 전에는 낯선 세계였지만, 독자의 선택에 의해서 자기화appropriated 이후에 독자 자신의 세계를 만드는 재료가 된다. 목회 돌봄 사례 해석에서 자기화appropriation 은 독자가 사례의 의미를 만나면서, 실제 목회 돌봄에서 자신만의 새로운 세상이 열리는 가능성 a new possibility 을 제공한다.

한편 가다머Gadamer 는 리꾀르Ricoeur 의 자기화appropriation 를 "적용" application 으로 표현하였다(1975). 가다머Gadamer 는 "언제나 반추의 과정에서 해석자는 자신이 텍스트에 대하여 해석한 내용을 현실의 상황에 적용application 시키게 될 때에 비로소 이해하게 되었다."라고 말하였다. 독자들이 텍스트를 읽고 적용application 하는 과정을 통하여 텍스트를 해석하는 것이 아니라 이해를 통하여 텍스트의 의미를 삶에 적용하게 된다고 말한다(274). 한 사람이 기록한 목회 돌봄 사례는 많은 독자들이 읽으면서 그 내용을 해석하게 되고 해석된 내용 안의 원리들을 각자의 돌봄의 상황에 적용시키면서 이해하게 된다.

리꾀르Ricoeur 는 한 인터뷰에서 해석에 대하여 질문을 받고 해석의 주요 특징을 적용application 또는 자기화appropriation 라고 대답하였다Mario J. Valdes, 1991, 491-96. 그리고 자기화appropriation 의 몇 가지 특성을 말한다.

첫째, 특정한 성서구절, 시 그리고 역사적 사건에 대하여 한 가지 이상의 해석이 가능하듯이 한 사례에 대하여 한 가지 이상의 해석이 가능하다. 따라서 한 가지 이상의 해석이 가능하기 때문에 자기화appropriation 의 과정에서 판단judgement 이 중요하다. 다시 말해서 독자는 어떤 내용에서 드러나는 여러 의미 중에서 판단을 거쳐서 나름대로 감상을 하게 된다. 따라서 판단은 두 개 이상의 다른 의미 중에 더욱 적절하다고 생각되는 의미를 선택하는 과정을 포함한다. 그러나 주의할

점은 이 판단은 잠정적일 수 있다는 사실이다. 그 이유는 텍스트를 읽을 때에 무수하게 떠오르는 의미 중에서 어떤 의미를 선택하기 위해서 판단이 일어날 수밖에 없지만 동시에 반복되는 판단의 과정을 거쳐서 선택된 의미들이 누적되어 더 큰 어떤 문맥을 형성하게 되면 이전의 판단들 중의 일부나 전부가 수정되거나 보완될 수 있기 때문이다.

둘째, 어떤 의미에서 판단은 더 깊은 해석을 차단시킬 수 있지만 독자에게 자기화appropriation 를 통해서 상상력을 열도록 돕게 된다. 독자는 상상력을 적절하게 사용하면서 판단의 과정에서 부득이하게 일어난 차단의 단점을 극복할 수 있다. 따라서 감상에서 상상력은 판단의 단점을 극복하면서 풍부한 해석을 가능하게 만들기 때문에 매우 중요하다. 리꾀르Ricoeur 는 이런 자기화appropriation 에서 상상의 역할을 "자아의 상상적 변용"imaginative variations of the ego 이라고 강조하였다Valdes, 1991, 494. 돌봄 사례라는 텍스트를 해석할 때에 독자는 상상력을 사용해서 사례안의 등장인물들이 처한 상황과 자신의 현실 상황을 분별하게 되며 돌봄 사례를 통하여 깨닫게 된 새로운 가능성을 자신이 실천하는 현실의 돌봄속에서 구체화시킬 수 있게 된다. 예를 들어서 목회자와 교회 성도간의 개인적 대화만을 목회 돌봄이라고 생각하는 목회자가 돌봄 사례를 읽는다고 가정하여 보자. 그는 돌봄 사례 기록에서 돌봄자가 공동체 중에서 비극을 겪고 있는 어떤 가족을 위로하기 위한 멘트를 설교문 안에 포함시키거나 지역 사회에서 가난한 이들을 돕는 사역을 교회 행정적으로 돕기 위한 계획도 돌봄에 포함된다는 사실을 알게 될 수 있다. 이때 상상력을 사용해서 사례 기록의 사실 내용을 읽고 이해하게 되면비록 직접 경험하지 않은 돌봄이지만 그는 목회 돌봄에 대하여 보다 넓은 시야를 갖게 될 것이며 자신의 목회 돌봄에서도 이런 방식을 사용할 가능성이 높아진다.

한편 사례 해석은 목회 돌봄 교육 프로그램이라는 문맥에서 사례 해석이라는 전통적 방법으로 진행되는 경우가 많다. 교육 프로그램에서 사례 해석의 전통은 학생들이 사례 해석을 통해서 좀 더 긍정적인 결실을 맺는 방향의 목회 돌봄을 실천하도록 돕는다. 예를 들어서, 집단에서 사례에 대한 토론은 한 독자로 하여금 다른 독자의 판단과 상상을 듣는 기회를 제공하며, 동시에 교사의 지도하에 집단에게 자신의 판단과 상상을 제공한다. 이때에도 사례 해석에서 개인의 자기화appropriation 가 가장 중요한 핵심을 이룬다. 그리고 감상에 대한 유연한 판단이 쌓이면서 사례의 사실 내용을 분별하고 그 안에 숨겨진 원리 식별을 통하여 진행될 때에 독자가 진행하는 실제 목회 돌봄에 적절한 의미를 부여하는 결실을 맺게 된다.

## 2. 첫 번째 읽기와 이해

어느 날 나와 동료 목회자는 목회 돌봄에 대하여 이야기를 나누고 있었는데, 목회자와 성도간의 개인적 대화보다 타인에 대한 돌봄의 상황으로 대화의 초점이 향하게 되었다. 동료 목회자는 자신의 경험을 이야기하였고, 나는 그 경험을 기록할 것을 권하였다. 그리고 나는 여기에서 제2장에서 설명한 사례 기록 형식에 맞추어서 돌봄 사례를 설명하려고 한다.

비록 이 사례는 내가 기록하지 않았지만 나름대로 독자의 자기화
appropriation 적 안목을 가지고 이 사례를 읽었다. 그리고 이 사례와의 만
남에서 나의 목회 돌봄에 적용할 수 있는 가능성을 얻게 되었다. 사례
의 마지막에서 내가 깨닫게 된 내용을 설명한 후에 두 번째 읽기에 들
어갈 것이다.

## 제목: 빈 가방

### 도입

나는 신학교를 졸업하고 올해부터 사역을 시작하였다. 내 이름은
존슨이며 나이는 26살이다. 스몰리버 장로교회의 부목사로서 사역
을 하게 되었고 교회 고등부 학생들을 돌보는 것이 주 사역이었다.
그리고 사역 첫 해의 4월 마지막 주에 지역 장로교 캠프에서 고등부
수련회를 인도하였고 '되고 싶은 나'라는 주제로 졸업을 앞둔 고등부
학생들을 대상으로 수련회를 계획하였다. 그런데 수련회를 진행하
는 중간에 로버트라는 학생의 목회 돌봄이 일어났다. 좀 더 자세히
이야기 하면 수련회의 마지막 날인 토요일 오후에 10명의 고등부 학
생들과 나를 포함한 3명의 어른들이 한 시간 동안 '되고 싶은 나'라
는 주제를 통하여 존경하는 인물에 대해서 이야기하는 시간을 가졌
다. 나는 학생들이 스포츠 스타, 음악가, 그리고 배우 등을 언급할 것

으로 예상했지만, 대부분의 학생들이 부모님을 존경한다고 말을 하였다. 마침내 로버트가 말할 차례가 되었다. 그는 친구들이 각자 자신의 부모님을 존경한다는 말을 하는 것을 들으면서 힘든 표정을 짓고 있다가 마침내 울음을 터뜨리며 부모님(친아버지와 계모)과의 관계에서 어려움을 겪음을 고백하였다. 사실 로버트가 마음속의 괴로웠던 사연을 이야기할 때에는 전체 프로그램이 종료될 시간이었지만 로버트에게 충분히 이야기 할 기회를 주면서 나와 몇 명의 어른 그리고 학생들이 돌봄자가 되었던 사연을 소개하겠다.

## 회중적 상황

첫 사역지에 부임한지 얼마 되지 않아서 이끌게 되었던 수련회에서 가장 중요한 피돌봄자가 되었던 로버트는 스몰리버 장로교회에 출석하고 있었다. 담임이신 마샬 목사님은 그 교회에서 18년간 담임목회를 하고 계셨다. 나는 사역한지 9개월 밖에 되지 않았지만 성도들이 개혁교회의 전통에 따라 성육신의 교리, 예배 중에 말씀 선포, 성경공부의 실천이라는 신앙생활의 기본 틀을 따르며 국내외의 선교를 통하여 예수 그리스도의 제자로서의 삶에 헌신하고 있었다.

그 교회는 200년 이상의 역사를 갖고 있었고 약 800명의 성도들이 출석하며 대도시에서 20마일 정도 벗어난 스몰리버에 위치하고 있었다. 전통적으로 사무직과 노동직에 종사하는 성도들이 고루 섞여 있으며, 지역의 중산층이 대부분을 차지하고 있었다. 오랫동안 백인들만이 출석하다가 최근 스몰리버와 지역주민의 인구비율의 변화를 반영하듯이 3%의 아프리카계와 2%의 아시아계 미국인들이 출석하게 되었다. 5년 전에는 50%의 성도가 은퇴자들이었으나, 점점 젊은이들과 중년층의 비율이 늘어나고 있으며, 인종적으로, 문화적으로 다양화되고 있다.

　내가 처음으로 교회 위원회를 만나 사역을 맡기로 약속하였을 때에 그들은 교회 내의 청소년의 상황에 대하여 이야기하였다. 작년에 청소년들 사이에 일어난 몇몇 일들 때문에 학부모들이 많은 걱정을 한다고 말하였다. 나는 세세한 내막을 알지 못했지만 위원회는 걱정되는 두 사건(발렌타인 파티에서 청소년들이 술을 마시고 마리화나를 흡입하고 매년 열리는 봄 수련회 때에 음주, 약물사용, 성관계 등의 돌봄이 필요한 상황이 발생함)에 대하여 언급하였다. 이 두 사건에 연루된 당사자들은 고등학교를 졸업하고 청년부에는 출석하지 않는 학생들이다. 나는 이런 사실을 듣고서도 청소년 사역을 맡기로 하였다. 사실 개인적으로 큰 부담을 느꼈다. 그러나 나뿐만 아니라 공동체 전체가 청소년들에게 관심을 갖고 돌보기로 약속 하였다. 이 교회에서 청소년 사역을 맡겠다고 약속하였을 때에 한 교회 공동체의 청소년들이 현재의 부적절한 상황에서 벗어나도록 돌보아야 하는 역할을 맡게 된 것이지만, 지금 생각해 보면 실제로 보다 많은 청소년들과 교인들이 돌봄 대상으로 포함된 복잡한 돌봄 사역에 발을 들이 놓게 된 것이었다. 나는 다음과 같은 생각이 들었다. 이런 상황에서 어떻게 교회가 청소년들을 돌볼 수 있을까? 학부모들도 돌봄이 필요하지 않을까? 청소년 사역이 전체 교회 사역과 어떻게 연결될 수 있을까?

## 목회 돌봄 참여자들

### 청소년부서

나는 어려운 상황에 처했고 결과가 어떻게 될지 알 수 없는 상황에서 우선 부임하자마자 청소년과 수련회를 열게 되었다. 사역의 방향과 분위기를 결정짓는 프로그램을 계획하면서, 청소년들에게 수련회도중에 성관계, 약물흡입, 음주가 절대로 허용되지 않으며, 만약 그런 일이 일어나게 되면 부모님을 소환해서 이야기를 하겠다고 분명하게 이야기 하였다. 의외로 청소년들이 이 약속을 순순히 받아들이는 것을 보고 안심하였다(사실 내가 지나치게 좋게 생각했을 수도 있다). 그러나 이 약속은 나와 청소년들 사이에 최소한 1년간 지속되어야 할 신뢰의 기초를 쌓기 위한 행동이었다. 그리고 이런 시작이 작년과는 다른 분위기로 부서를 이끌어서, 올해 초 수련회에서 자신의 아픔을 솔직히 털어놓고, 그에 따라 목회적 돌봄이 시작되게 된 계기가 되었다고 추론해본다. 그리고 그 한해 동안 나는 목회 돌봄자로 청소년들도 서로 관심을 가지고 돌보게 하였고(실제로 청소년부서의 구성원인 킴, 존, 빌, 제인 등이 로버트의 돌봄에 참여하게 되었다), 나를 포함해서 세 명의 어른도 돌봄자의 역할을 맡도록 하였다.

### 피돌봄자 로버트

로버트는 키가 크고 호리호리한 18세의 고등학생이다. 외모에 관심이 많고, 친구들이 이성교제, 성 그리고 키 등의 주제에 대해서 이야기만 해도 금방 얼굴이 붉어진다. 순하고 유머 감각도 있지만, 지나치게 단순해서 쉽게 속기도 하고 놀림을 당한다. 한 이성을 꾸준히 사귀는 것 같지 않아 보인다. 부모님과 같이 집에서 살며, 고등학교를 졸업하고 대학에 다니는 마가렛이라는 손위 누나가 한명 있다. 어머니 그레이스는 로버트가 5살 때에 암으로 돌아가셨고, 아버지 알프레드는 아내를 잃고 3년 후, 로버트가 8살이 되었을 때에 재혼하였다. 아버지와 새어머니 메리는 벤과 줄리라는 남매를 낳았다. 담임 목사는 새어머니가 로버트보다 자신이 낳은 아이들을 더욱 사랑하고, 아버지는 로버트와 새 어머니 사이에서 갈등이 일어나도 간섭하지 않으며, 온 가족이 함께 스몰리버(로버트는 다른 곳에서 살아본 적이 없음)에 살고 있다고 말하였다. 나는 그 가족들과 직접 만나본 적이 없다.

나와 로버트의 만남은 9개월 전, 청소년 사역을 담당하면서 시작되었다. 로버트는 가끔 동생들을 돌보아야 할 때를 제외하고 꾸준히 주일학교에 출석하였다. 교회에서 지나치게 활동적이어서 가끔은 차분해지라는 이야기를 듣는 편이었지만 크게 돌봄이 필요한 상황이 될 정도는 아니었다. 친구들은 로버트의 유머를 즐기는 편이다. 지난 9개월 동안 개인적으로 이야기를 별로 많이 나누지는 않았지만 막상 둘이 이야기하려고 하면 부끄러움을 탔다. 집단 활동에서 가정 내의 어려움을 조금씩 비치기는 하였지만 수련회에서 갑작스럽게 그동안 가슴에 깊이 묻어두었던 아픔을 쏟아내게 되었다.

일어난 일

우리는 금요일 저녁에 수련회 장소에 도착해서 첫 집단 모임 후에 캠프파이어를 진행하였다. 다음 날인 토요일 아침에 두 번째 집단 모임을 진행하였고 점심 이후에 세 번째 모임이 계획되어 있었다. 세 번째 집단 모임을 준비하면서 그룹원들이 각자 존경하는 분을 상징하는 물건을 자신의 종이 가방에 넣기로 하였다. 그 물건은 '내가 되고 싶은 사람'을 상징했다. 마침내 점심을 먹은 후에 그룹원들은 나무 아래에 원 모양으로 앉아서 한명씩 자신의 가방속의 물건을 꺼냈다. 10대 그룹원들이 모두 한 명씩 돌아가면서 자신의 이야기를 말하였기 때문에 나를 포함한 어른 3명은 자신의 물건에 대하여 이야기할 시간이 많지 않았다. 앞에서 말한 대로 그룹원들이 전문 운동선수, 락스타 그리고 배우 등이 되고 싶다고 말할 것으로 예상하였지만, 의외로 부모님, 가족들 그리고 선생님을 닮고 싶다고 이야기하였다. 모두들 솔직하고 진지하게 집단 활동에 참여하였고 어느덧 대부분이 이야기를 마쳤다.

킴은 자신의 가방을 열고 숙모로부터 받은 목걸이를 꺼내며 "숙모님은 언제나 제가 하는 일에 관심을 보여주셨고, 제 행동이나 생각을 알고 싶어 하셨습니다. 숙모님은 제가 최선을 다할 수 있는 일을 하라고 말씀하였지요. 제 판단을 믿으셨고 제 말에 귀를 기울이셨죠. 저는 숙모와 같은 어른이 되고 싶어요."라고 말하였다. 말을 마치고 나서 침묵으로 다음 사람이 말할 기회임을 알려주었다.

존은 자신의 가방에서 교수인 아버지의 책을 꺼내었다. 그리고 "저는 지난 몇 달 전 만해도 아버지를 전혀 이해할 수 없었고 아버지와 사이도 썩 좋지 않았습니다. 그러나 최근에 아버지를 지켜보면서 아버지가 바쁜 가운데에도 시간을 내어서 우리와 놀아주시고 식사도 하시고 기도도 하신다는 사실을 깨닫게 되었습니다. 오랫동안 그렇게 하셨는데, 이제 깨닫게 되었네요."라고 말하였다.

나는 몇 달 전에 어떤 일을 경험하여 아버지를 새롭게 바라보게 되었는지 묻고 싶었지만 존은 계속 말을 이어나갔다. "저는 아버지가 제게 여러 번 실망하신 적이 있지만 그럼에도 큰 소리를 내시지 않고 조용히 제게 무엇을 원하시는지 말씀하셨음을 알게 되었지요. 그리고 저를 돕기 위해서 열심히 일하신다는 생각이 들면서 존경심을 갖게 되었고, 속으로 '나도 아버지 같은 사람이 되고 싶다'고 생각하게 되었어요."

그룹원들은 경청하는 분위기에 잠겨 있었다. 어느덧 내가 이야기할 차례가 되어서 가방에서 아버지가 만들어주신 나무 보석 상자를 꺼내었다. 그리고 킴에게 "저번에 네가 나에게 사역자가 된 사연을 물었고 내가 그 이야기 하려면 시간이 좀 걸려서 다음에 말해주겠다고 약속한 것을 기억하니?"라고 물었다.

나는 킴이 고개를 끄덕이는 모습을 보고 잠시 침묵한 후에 그룹원에게 "저의 소명은 5년 전 자살하신 아버지와 관련이 많아요"라고 말하면서 서서히 눈물이 올라오는 것을 느꼈다. 아버지가 조용한 신앙을 가지고 계셨고, 고향 교회에서 그 신앙을 어떻게 실천하셨는지 이야기 하면서 이전에 한 남학생이 나의 아버지에 대하여 말한 내용을 이야기 하였다. "나와 나이가 비슷한 어떤 남학생이 찬양대 활동을 하면서 우리 아버지 덕분에 자신감을 얻었다고 말하였습니다. 우리 아버지가 매주 리허설을 할 때에 그 학생이 잘한다고 말씀해주셨는데, 바로 그 말이 그에게 큰 위로를 주었다고 하더군요."

그리고 나는 "바로 그런 계기로 사역자의 길을 걷게 되었습니다. 그리고 아버지에게서 배운 것을 사역에서 실천하려고 노력하게 되었지요."라고 말하면서 아버지를 여읜 슬픔을 겪으면서 다른 이들의 고통을 보게 되었고, 그들을 돕고 싶다는 생각을 하게 되었다고 말하였다.

킴은 손을 뻗어 내 어깨를 어루만지며, "예전에 제가 목사님의 아버님에 대하여 물었을 때에, 개인적인 사연을 깊이 알아내려는 의도는 없었어요."라고 말하였다. 그 순간 나는 나를 위로하려는 킴의 진심을 느낄 수 있었다. 청소년이 목사를 돌보는 일이 일어났다. 그 순간 어린 학생도 돌봄의 역할을 감당할 수 있음을 깨닫게 되었다.

이제 마지막으로 로버트가 이야기할 차례가 되었다. "제 종이 가방에는 아무 것도 들어있지 않아요. 어떤 물건을 넣을지 모르겠고 어떤 인물이 되고 싶은지 모르니까요. 정말 알 수가 없거든요. 그런데 다른 분들은 모두 누군가 닮고 싶은 분을 마음속에 가지고 있었고 저만 없다는 것을 알게 되었네요"라고 로버트가 말하였다.

로버트는 고개를 떨구고 얼굴을 붉히면서 "목사님이 아버지에 대하여 말씀하실 때에 우리 아버지는 저를 전혀 돌보지 않았다는 생각이 들어서 마음이 아팠습니다. 여러분들이 알고 있듯이 아버지는 제가 어릴 때에 재혼하셨고 저와 시간을 거의 같이 보내지 않으셨습니다. 언제나 '어린 동생들하고 놀아주어야 한단다.'라고 말씀하셨죠. 제가 무언가 잘못했을 때에만 좀 길게 이야기를 하셨죠. 새어머니는 마치 내가 집을 떠나기를 바라는 듯이 말하고 행동하셨죠. 전 어머니가 굳은 표정으로 독일어를 말씀하실 때면, 나치의 후손인 것 같은 착각에 빠지곤 하였습니다." 로버트는 이 말을 하면서 경례하는 동작을 취하면서 "그래서 새 어머니가 저도 집을 떠나 나치당에 가입하기를 바라실 수도 있다는 생각을 하곤 하였습니다."라고 말하였다. 그리고 다시 한 번 고개를 떨군 로버트의 눈에 눈물이 고였다.

그때 집단에 참여한 어른 한 명이 그의 어깨를 토닥거렸다. 모두를 아무 말도 하지 않았다. 로버트는 "부모님의 말이 맞을 지도 모르죠. 제가 사고뭉치 덩어리일지도 …… 그러나 나는 그렇게 생각하지 않는데 ……."

그때에 킴이 "부모님이 정말 네 마음을 아프게 하는 말씀을 하셨구나. 그런데 너는 잘 견디었네. 너 참 괜찮은 친구야."라고 반응하는 것을 보고 놀랐다. 이 말을 듣고 빌도 "우리도 알고 지낸지 꽤 되지? 사실 나도 누가 싫은 소리를 하는데, 그걸 다 받아들이지 않아. 예전에 다른 아이들이 나보고 괴짜라고 놀릴 때에도 너하고 제인은 놀리지 않았지. 고마워."라고 말하였다. 그러자 제인도 "나도 너하고 12년 동안 주일 학교에 다녔어. 그런데 너는 한 번도 나를 놀리거니 괴롭히지 않았어. 나는 너의 그런 좋은 성품을 닮고 싶어."라고 칭찬하였다.

로버트는 친구들의 말을 듣고 잠시 가만히 있었다. 그리고 고개를 들어서 나를 쳐다보며 "목사님이 아버지에 대하여 이야기하실 때에 정말 감동을 받았습니다. 그리고 저도 여기서 제 마음을 털어놓을 수 있었습니다. 제가 바보 같은 이야기를 했는데에도 모두를 저를 따뜻하게 바라보고 이야기를 들어주었어요."라고 말하며 친구들을 바라보았다. 그러자 평소에 말이 없던 알버트가 "솔직히 이야기를 듣다가 가끔 딴 생각을 하기도 했어요."라고 말해서 모두들 웃었다.

한바탕 웃음의 파도가 지나간 뒤에 존은 "네 이야기를 들으니 나는 아버지에 대해서 감사해야겠다는 생각이 드네. 그리고 교회에서 친구들에게 네 고민을 이야기해서 기쁘다. 이제 우리 모두가 널 염려하고 돌보도록 노력할게. 그리고 하나님은 우리 모두보다 훨씬 더 너를 많이 돌보아 주실 거야."라고 말하였다.

나는 이 말을 듣고 로버트에게 "우리가 너를 돌보겠지만 하나님께서 더욱 너를 돌보신다는 말을 편하게 받아들일 수 있겠니?"라고 물었고 로버트는 고개를 끄덕였다. 나는 계속해서 "사실 '되고 싶은 나'의 모습은 이미 네 안에 있단다. 이제 네가 그 모습을 발견하고 하나님의 깊은 사랑을 체험하도록 소망하여 기도할게"라고 말하였다.

킴으로부터 시작해서 모든 친구들이 로버트에게 다가가서 포옹해주었고, 마지막으로 나도 로버트를 힘껏 안아주었다. 계획된 시간을 훌쩍 넘어버렸지만 마지막 그룹회기라서 더이상 진행해야 할 프로그램이 없었다. 남은 오후동안 조용히 기도하는 시간이 이어졌고, 모두의 마음속에 온화함과 소망의 물결이 가득하였다.

(첫 번째 읽기로부터의 코멘트 : 첫째, 정체성과 슬픔의 주제가 로버트와 목회자에게 뚜렷하게 보였다. 둘째, 나무 아래에서의 경험은 로버트를 포함한 모든 그룹원들에게 은혜로운 시간이었다. 셋째, 나는 목회 현장에서 예상하지 않았던 목회 돌봄이 일어날 수 있음을 깨닫게 되었다.)

## 3. 두 번째 읽기와 평가

이 두 번째 읽기에서 나는 사례에 대한 강의 방법론에서 발견된 전통적인 해석 과정을 따를 것이다. 이 전통적 해석 과정은 사례의 사실 내용의 분별에서 시작해서 사실 내용 안에 감추어진 원리의 식별로 이어진다. 다만 각 과정을 지나치게 세세하게 설명하지 않고 먼저 사례의 사실 내용을 6가지의 특징으로 나누어 살펴보면서 큰 그림을 그려보려고 한다.

### 1) 사례의 사실 내용 이해

가. 현장 중심의 목회 돌봄에서 첫 번째 구별되는 특징은 목회 돌봄의 상황pastoral care situation 이며 목회 돌봄의 상황은 한 마디로 사례에서 설명되는 돌봄이 필요한 상황problem 이라고 표현할 수 있다.

위의 사례에서 첫 번째 목회적 상황은 청소년 집단 모임이다. 존슨 목사는 사례 기록의 두 번째 부분에서 스몰리버 장로교에서 사역하게 된 일을 복잡한 목회 돌봄 상황으로 들어가게 된 것으로 설명한다.

두 번째 목회적 상황은 존슨 목사가 아버지의 자살에 대한 애도와 사역자로서 길을 걷게 된 계기와 관련된다. 비록 아버지를 여읜 고통에 대하여 자세히 기록되지 않았지만 아버지에 대하여 말하면서 울먹거렸다는 표현에서 충분히 슬픔을 겪었음을 유추할 수 있다. 개인적인 애도의 슬픔 속에서도 청소년 집단 모임을 이끌고 있음을 알 수 있다.

세 번째 목회적 상황은 존슨 목사가 도입에서 이미 명명하고 있다. 집단 모임에서 로버트가 이야기 할 차례가 되었을 때에, 가방 속에 아무런 물건 이 물건은 '되고 싶은 나' 또는 존경하는 어른을 상징한다 이 없기 때문에 당황하고 있었다. 그는 닮고 싶은 인물이 없어서 정체성의 혼란을 겪고 있었다. 가방 속에 아무 물건을 넣어 두지 못한 사연을 이야기 하면서 가정 내에서 경험하는 어려움 자신을 부모님으로부터 무시당하는 존재로 묘사 을 털어놓게 되었다.

나. 두 번째 특징은 사례에서 발견되는 등장인물이다. 위의 사례에서 로버트, 존슨 목사 그리고 집단에 참여한 청소년들 킴, 존, 빌, 제인 그리고 얼버트, 그리고 몇몇 어른들 이름이 거론되지 않음 이 등장한다.

다. 세 번째 특징은 등장인물들 사이의 관계이다. 이 사례에서 등장인물들이 많은 만큼 다양한 관계가 설명된다. 주로 로버트를 중심으로 관계가 설정된다. 로버트의 가족, 존슨 목사, 청소년 집단 모임에 참여한 구성원들이 로버트에게 위로자로서의 역할을 맡는다. 존슨 목사와 아버지의 관계도 설명된다.

존슨 목사와 청소년부서의 관계도 파악할 수 있다. 존슨 목사는 교회로부터 청소년들의 부적절한 행동이 재발되지 않도록 지도하기를 요청받았기 때문에 부담을 안고 사역을 시작하게 되었다. 그러나 예상보다 빨리 청소년들과 신뢰를 쌓게 되었으며 부서내의 적절한 행동지침도 공유되었다. 그러나 개별적인 관계에 대한 언급은 별로 없다. 사례의 중심인물인 로버트와 몇 번 이야기를 나누었을 뿐이다. 킴도 존슨 목사에게 사역의 길을 걷게 된 계기에 대하여 물었으나 그 순간에 설명을 듣지 못하였다 나중에 대답하겠다는 응답만 들었다. 존슨 목사가 어떤 청소년들의 부모와 만났는지 정확히 알 수 없다 다만 몇몇 부모와는 만났을 것으로 추론할 수 있다.

수련회에서 일어난 목회 돌봄에서 맺어진 관계가 미래에 어떤 영향을 미칠 것인지 아직 알 수 없다. 이 수련회에 참여한 고등학생들은 다양한 진로를 택하게 될 것이다. 예를 들어서 로버트는 해군에 입대해서 교회를 떠나게 될 수도 있다. 내년에 중등부에서 고등부로 등반하는 학생들도 있을 것이다. 그리고 이번 수련회에서 부서 구성원들이 경험한 돌봄이 새로 들어오는 구성원들과의 관계에 어떤 방식으로든 영향을 미칠 것이다. 사역자는 기존 구성원들과 등반해서 올라올 구성원들의 관계를 어느 정도 예측을 하면서 내년도 목회 계획을 세워야 한다.

라. 네 번째 특징은 사례의 목회 돌봄 속에 미래의 돌봄 대상에 포함될 수 있는 성도에 대한 논의가 포함되는 것이 바람직하다는 사실이다. 수련회에 참석한 청소년들은 그들의 가족들에 대하여 이야기하였다. 예를 들어서 킴은 숙모에 대하여 이야기를 하였고 존은 아버지의 이야기를 하였다. 로버트는 돌아가신 친어머니, 재혼한 아버지, 새어머니와 누나, 그리고 친남동생과 여동생에 대하여 이야기하였다 존슨 목사가 사역을 시작할 때에 이미 로버트의 가족들이 교회에 잘 출석하지 않아서 가족의 상황을 잘 모르는 것도 큰 무리는 아니었다. 그러나 앞으로 로버트의 친동생들이 주일학교에 출석하겠다고 약속하였기 때문에 가족에 대하여 더욱 자세히 알게 될 가능성이 높아졌다.

마. 다섯 번째 특징은 교회 구성원 전체에 대한 목회 돌봄 상황과 관련될 수 있다. 먼저 존슨 목사는 사례 기록에서 청소년부서와 위원회와의 면담을 통하여 청소년부서를 걱정하는 공동체의 상황을 설명

하였다. 그러나 직접 청소년 부서를 맡게 되면서 위원회가 말한 것과 실제 청소년들의 태도가 차이가 난다는 사실을 알게 되었다. 또한 지도위원으로 수련회에 참여하였던 어른들이 수련회에서 경험한 청소년들의 태도에 대하여 교육위원회에 보고하였다. 이 내용이 청소년들의 부모와 전체 공동체에게 알려지면서 교회 공동체 가운데에 수련회가 스몰리버 장로교회의 청소년부서가 건강한 방향으로 향하게 될 계기가 될 수 있다고 기대하는 분위기가 일어나고 있다.

사. 여섯 번째 특징은 현장중심의 목회 돌봄은 다른 목회자와 교회 전체 공동체에게 영향을 미친다는 점이다. 이런 특성은 존슨 목사와 청소년 집단이 수련회 때에 나무 밑의 모임을 통하여 기독교교육과 목회 돌봄을 연결되는 끈을 형성할 필요성이 있음을 예로 보여주었다. 존슨 목사가 자신의 가방에 든 물건을 꺼내서 아버지에 대하여 이야기하면서 눈물을 흘릴 때에 킴과 청소년 집단은 마음 아파하는 목사를 위로하였다. 기독교 교육적 관점에서 볼 때에 고통을 경험하는 바로 그 현장에서 돌봄이 발생하였다. 그리고 로버트가 가족의 관계에서 경험하는 어려움을 이야기하는 장면도 기독교 교육적 관점에서 의미가 있다. 로버트가 청소년 그룹원들에게 마음 깊이 묻어두었던 가슴 아픈 사연을 털어 놓게 되었을 때에 청소년들의 돌봄적 반응이 일어났으며 그 반응은 교육적 효과가 동반된 목회 돌봄이 되었다. 청소년 수련회를 계획할 때에 존슨 목사는 청소년 집단내에서 돌봄적 반응이 일어날 것을 예상하지 못하였지만 수련회 중에 청소년들안에서 자연스럽게 발생하는 돌봄적 반응을 환영하면서 수련회에서 목회 돌봄과 기독교 교육적 효과가 어우러지게 되었다.

## 2) 목회 돌봄의 원리 분별

목회 돌봄 사례의 연역적 해석 과정에서 사례의 사실 내용의 평가에 사용되는 원칙은 마지막 장에서 논의될 기독교적 가치관이다. 이런 평가의 목적은 사례의 사실 내용에 담긴 원리를 분별하는 데에 있다. 평가는 세 부분으로 구성된다. 첫 부분은 사례 안에서 진행되는 고통에 대하여 이름붙이기와 고통을 돌보는 적절한 반응을 포함한다. 두 번째 부분은 사례의 고통을 덜어주기 위해서 필요한 돌봄에 관해 이름 붙이기와 그 돌봄을 실천하기 위한 특별한 방법들에 대해 초점을 좁히는 과정을 포함한다. 그리고 마지막 부분은 사례안의 목회 돌봄의 실패가능성에 대한 논의를 포함한다.

## 3) 목회 돌봄의 기독교적 가치

현장 중심의 돌봄은 돌봄의 상황으로 세팅되지 않은 일상적인 경우에도 필요에 따라서 자연스럽게 돌봄이 발생하는 특성을 보인다. 목회 돌봄에는 다양한 유형이 존재하며 그중에서 현장 중심의 목회 돌봄은 가장 자연스럽게 돌봄이 이루어지는 특성을 갖는다. 예를 들어서 상담 센터의 목회 돌봄은 상담자와 내담자가 면담을 통하여 이루어지는 유형의 목회 돌봄이다. 원목의 다양한 돌봄도 환자와 나누는 대화의 방식으로 이루어진다.

그러나 앞의 사례가 보여 주듯이 현장 중심의 목회 돌봄은 처음에는 단회적으로 종료되는 사역과 쉽게 구별되지 않을 수도 있다. 하지만 시간이 지나면서 반복해서 진행되기 쉽다. 앞의 사례에서도 청소년 사역에서 돌봄이 효과를 나타나기 위해서 단회적인 수련회의 실시로 충분하지 않고 이후에도 계속 사역이 진행되어야 함을 깨달을 수 있다. 수련회에 참여하였던 청소년들이 겪는 고통은 일순간에 사라지지 않고 계속될 수 있기 때문에 그만큼 교회 공동체는 지속적으로 그들의 고통에 반응해야 한다.

앞의 사례 기록에서 청소년들이 약물을 흡입하고 성문제를 일으키는 것은 분명히 바람직하지 않고 파괴적인 행동이지만 이런 행동을 하는 청소년들도 나름대로 고통 받고 있음을 보여주는 증거로 볼 수도 있다. 그러나 그 원인에 대한 정보가 충분히 주어지지 않았다. 예를 들어서 로버트는 작년에도 청소년부의 일원이었었다. 만약 로버트의 누나가 부적절하게 행동한 청소년에 속한다면 그런 행동은 친아버지와 새어머니의 관계와 연관되어 있을 수도 있다. 로버트의 누나와 부모의 관계가 로버트와 부모의 관계만큼 부정적일까? 이런 사실에 대하여 자세한 정보가 주어지지 않았다.

교회공동체는 이런 상황 속에서 청소년부서에 대하여 반응을 하고, 그 반응은 기독교적 가치에 근거한 목회 돌봄이 된다. 교회의 위원회는 존슨 목사에게 청소년부서의 이러한 상황을 설명하고 그 부서의 청소년들이 부적절한 행동을 그만두고 건전하게 행동하도록 지도해 줄 것을 부탁하였다. 따라서 청빙 위원회로 대변되는 교회공동체는 존슨 목사를 초빙함으로써 청소년부서의 돌봄을 위임하는 반응을 하게 된다. 그리고 존슨 목사가 지난 9개월 동안 청소년부서에서 진행하였던 돌봄 사역의 기독교적 가치는 수련회에서 그 절정을 이루었다.

기본적으로 교회학교의 각 부서의 사역자는 부서를 돌볼 책임을 맡고 있다. 그러나 부서를 처음 맡는 사역자에게 부서의 상황에 대한 정보가 충분히 주어지지 않는다면 그 부서가 안고 있는 고통이 무엇인지 그리고 그 고통에 어떻게 반응해야 할지 판단하기 어렵다. 그러나 비록 정확한 상황 파악이 되지 않았지만 교회 전체가 청소년 부서에 반응하는 방식에는 어떤 돌봄의 가치가 내재되어 있다. 청소년부서는 교회 공동체가 가지고 있는 돌봄의 가치관이 실천되어야 할 대상이 되었다. 교회 공동체의 돌봄의 가치관이 존슨 목사를 통하여 고통 받는 청소년에게 영향을 끼치게 되었으며, 마침내 로버트가 자신의 고통스러운 이야기를 고백하게 되었고 동년배의 청소년들에게 위로의 돌봄을 받게 되었다.

이 청소년부서에서 실현되는 기독교적 가치는 존스 목사, 킴, 그리고 다른 구성원들에 의하여 고통 받는 다른 구성원과 부서 전체에 대한 돌봄의 영향력으로 나타난다. 존슨 목사는 구성원들이 차례대로 이야기하는 과정에서 이 영향력을 전파하였다. 본인이 이야기할 순서가 되었을 때에 자신의 종이가방에서 아버지를 연상시키는 나무 보석 상자를 꺼내고 이야기를 시작함으로써 자신도 돌봄의 영향력을 받고 있음을 보여준다. 존슨 목사는 아버지를 '조용히 믿음 생활을 하는 분'으로 묘사하면서 아버지가 성가대 활동을 통하여 다른 사람들을 도우셨다는 사실을 말하였다. 그리고 아버지가 자살로 돌아가신 후, 5년 동안 애도의 시간을 겪고 나서 타인의 고통을 살필 수 있게 되었으며, 아버지가 다른 타인의 눈에 띄지 않게 사람들을 배려하고 수용하였던 것을 본받아서 자신도 고통 받는 이들을 돕기 위하여 사역의 길을 선택하였다고 하며, "저의 사역은 그렇게 시작되었고, 아버지에게서 배운 것을 사역을 통하여 실천하고 싶습니다."라고 마무리 하였다.

존슨 목사는 아버지와 관계되었던 사역의 계기를 말하며 눈물을 흘렸다. 기쁨 보다는 아버지를 그리워하며 흘리는 눈물이었다. 아버지가 소천하신지 5년이 지났지만, 전문사역자로서의 정체성, 즉 목회자로서 자신에 대한 이해가 아버지의 죽음과 깊이 연결되어있기 때문에 소명에 대하여 이야기할 때면 눈물을 흘리기 쉽다. 그 비극적 사건이 존슨 목사의 삶과 진로에 어떤 영향을 끼쳤는지 자세히 알기 위해서 좀 더 많은 정보가 필요하겠지만 오랫동안 영향을 미친 것을 추측 할 수 있다. 이미 존슨 목사가 신학교에 입학할 때부터 목회자가 되기로 결심한 계기에 대하여 반복해서 이야기하도록 요청받았을 것이며 그 때마다 아버지의 죽음에 대하여 생각하게 될 수밖에 없기 때문이다. 얼마 전에 청소년부서의 킴으로부터 동일한 질문을 받았을 때에도 눈물을 보이며 이야기 할 가능성이 컸기 때문에 대답을 미루었을 수 있다고 추론할 수 있다. 그리고 사역자의 솔직한 개인의 이야기에 대하여, 킴으로 대표되는 부서의 청소년들이 보인 돌봄의 반응에 기독교적 가치가 드러난다. 더 나아가서 킴이라는 한 청소년의 언어적 표현과 위로를 전달하는 돌봄의 태도는 모든 구성원의 마음을 대변했다.

공동체에서 돌봄의 분위기가 절정에 달했을 때에 마침내 로버트가 가방에 든 물건을 꺼내고 그 물건과 관련된 이야기를 할 차례가 되었다. 로버트는 돌봄의 분위기에 힘을 얻어서 용기를 내어 자신은 존경하거나 모델이 될 인물을 생각할 수 없어서 가방에 아무 것도 넣지 못하였다고 솔직한 심정을 이야기하였다. 이어서 로버트의 부모가 좋은 모델이 되어주지 못하였으며, 아버지는 자신에게 관심 없이 비판적이기만 하고, 새어머니는 지배적인 태도를 보이며 되도록 자신이 빨리 집에서 나가기만을 원한다고는 것을 말하였다. 가족의 고난은 아버지의 재혼 로버트의 친어머니는 5살 때에 돌아가시고 아버지는 8살 때에 재혼하심 을 하면서 시작되었다고 말했다. 로버트의 이야기를 통해 새어머니를 만났을 때에 로버트는 겨우 초등학교에 입학할 나이였기 때문에 18살이 되어서 고등학교를 졸업할 나이까지 오랫동안 시간동안 심적 고통을 겪었음을 충분히 짐작 할 수 있다. 그런데 로버트의 "너희들도 알고 있듯이, 아버지가 재혼한 다음부터 나하고 별로 같이 있지 않게 되었던 말야"라는 표현 현실적으로 아버지는 10년 전에 재혼을 하였는데 마치 2,3년 전에 재혼한 것 같이 말하고, 아버지와의 관계에 돌봄이 필요한 상황이 발생하게 된 것이 얼마 되지 않는 듯한 생각을 반영함 에서 그의 왜곡된 인지를 찾을 수 있다. 이런 건강하지 않은 현실의 인지는 로버트가 생각하는 것과 실제 로버트와 아버지와의 관계 또는 새어머니와의 관계가 상당히 차이가 날 수 있음을 암시한다 실제로 그 교회에서 오래 사역하였던 목사님은 로버트의 아버지가 아들과 새어머니를 화해시키기 위해서 좀 더 적극적으로 노력하고 있었다고 말하였다.

그러나 한편으로 아버지가 재혼한 이후부터 자신에게 관심을 보이지 않게 되었다는 로버트의 언급에서 친어머니가 돌아가신 이후에 아버지로부터 충분한 애정과 위로받지 못하였으며, 그런 서운함 때문에 마치 재혼 때부터 아버지가 자신에게 관심을 갖지 않게 되었다는 왜곡된 인지 아버지가 새어머니와 결혼한 이후부터 자신에게 관심을 갖지 않게 되었다고 생각하고 분노를 느낌 를 갖게 되었을 가능성이 높다. 이 왜곡된 인지와 분노 때문에 로버트가 새어머니를 부모로 인정하지 못하고 있음을 생각할 수 있다. 이런 추론이 적절한지 확인하기 위해서 로버트의 친어머니가 돌아가시고 아버지가 재혼하기까지 가족들에게 일어난 일을 자세하게 파악할 필요가 있다.

또한 목회자로서, 가능하다면 로버트와 다른 가족들이 친어머니를 여읜 후에 충분히 해소되지 못한 애도의 감정을 10여년 이상 가지고 있으며, 이 감정이 가족 내에 영향력을 끼치고 있음을 깨닫게 하고 애도의 아픔이 충분히 해소되도록 돌봄을 실시할 필요가 있다.

부모님에 대한 분노의 감정을 표현하면서 로버트는 울기 시작하였다. 로버트가 마음의 고통을 털어놓도록 도운 것은 그룹원들이 기독교적 돌봄의 관점으로 반응한 결과이기도 한다. 제인은 로버트의 어깨를 감싸고 킴과 빌은 위로의 말을 건넸다. 킴은 로버트에게 그가 부모님이 생각하는 것 보다 더욱 소중한 존재이며, 자신이 아는 가장 따뜻한 마음을 가진 사람이고, 그런 친구를 두게 되어서 기쁘다고 말하였다. 빌은 자신이 힘들었을 때에 로버트가 곁에 있어주어서 고맙다고 말하였고, 마지막으로 제인은 지난 12년 동안 주일학교에서 함께 지내면서 로버트가 자신에게 욕이나 거친 말을 하지 않았으며, 그런 친절한 마음이 있음을 로버트 스스로가 알게 되기를 원한다고 말하였다. 대화의 후반부에서 존슨 목사는 로버트를 위로해준 집단의 반응을 요약하여 설명하고 하나님의 사랑을 일깨워 주었다.

### 4) 고통 받는 이들과 연합하시는 예수 그리스도

평가에서 언급했던 마태복음 25장은 왕이신 예수 그리스도를 고통 받는 이들을 가족같이 여기시고 그들과 연합하시는 분으로 묘사해서 돌봄 사례를 읽는 독자들로 하여금 고통 받는 이들과 돌봄이 필요한 이들을 좀 더 세밀하게 관찰하고 그들에게 필요한 방식에 맞추어 돌보아 주는 태도를 가져야 함을 암시한다.

이 사례에서 예수 그리스도가 청소년들의 집단속에 함께 계셨기 때문에 청소년부서에서 필요로 했던 돌봄이 이루어졌다고 말 할 수 있을 것이다. 올해의 돌봄 실현을 위해서 수련회 이전에 서로 간에 약속이 필요했다. 존슨 목사는 수련회동안 청소년들에게 성적이탈, 약물흡입, 음주행위를 금지하였으며, 그런 일이 발생할 경우에 즉시 부모님이 소환될 수 있음을 주지시켰다. 그리고 청소년들이 그 규칙을 받아들이기를 동의함으로 오히려 마음을 놓는 것을 보고 다소 놀랐다. 이런 현상은 청소년부서의 구성원들이 말을 하지 않아도 자신들에게 일정한 행동 규칙이 있어야 할 필요성이 있음을 느꼈음을 암시하며 바로 존슨 목사가 그들에게 필요한 규칙이 무엇인지 솔직하게 제시하여 그들이 그 경계를 넘지 않도록 권면하였다.

목회자와 청소년들 사이에 규칙을 세움으로써 서로 신뢰할 수 있는 근거가 세워졌으며, 수련회 때에 이 규칙을 지키게 되면 서로의 신뢰가 단기간이 아니라 계속 유지될 수 있다는 공동체 의식이 공유되었다. 존슨 목사는 청소년들이 지킬 규칙을 정해서 그들이 작년과 다르게 올해는 새로운 마음으로 출발할 수 있는 계기를 마련하였고 그 계기가 계속 긍정적인 방향으로 나아가도록 이끌었다. 이런 상황은 청소년들이 서로를 격려하고 돌보는 분위기로 발전되었다. 한 마디로 존슨 목사가 고심 속에서 첫 사역을 맡게 되면서 나름대로 사역자로서의 리더쉽을 발휘하려고 시도하였으며, 청소년들은 그 리더쉽을 따르기로 하면서 서로를 돌볼 수 있는 돌봄의 분위기가 형성되기에 이른 것이다.

여기에서 돌봄 사역 가운데 예수 그리스도가 어떻게 역사하셨는지를 알아보려고 한다.

예수 그리스도는 존슨 목사의 개인적 고통 아버지의 돌봄을 본받아 사역자가 되기로 결심하였지만 동시에 아버지의 자살 때문에 괴로움을 겪고 있음 을 견디는 그 태도를 통하여 청소년 돌봄에 역사하셨다. 존슨 목사도 자살하신 아버지에 대하여 충분히 애도하지 못한 경험을 가지고 있었는데 킴과 청소년들이 그런 존슨 목사에게 위로의 돌봄을 베풀어 주었다. 그때까지 존슨 목사의 애도 아버지의 비극적 죽음 와 목회자로서의 정체성이 밀접하게 연결되어 있었기 때문에 소명을 받게 된 배경에 대하여 이야기할 때마다 망설일 수밖에 없었다. 이런 관점에서 "제가 목사님의 개인사를 캐물으려고 한 건은 아니에요"라는 킴의 반응은 매우 적절하였다. 그 자리의 청소년들은 모두 누군가가 자신의 가방에 든 물건을 꺼내고 그 물건과 관련된 이야기를 할 때에 그 개인의 삶을 속속들이 파헤치고 싶은 마음은 없었다. 존슨 목사가 자신의 가방에 든 물건을 꺼내어 그 물건과 관련된 개인의 이야기를 시작할 때에 고통스러운 감정을 다시 느꼈다. 그리고 물건과 관련된 사연을 이야기 할 때 어쩌면 충분히 지지받지 못할 가능성도 있었지만 존슨 목사는 위험을 감수하기로 결심을 하였다. 그러자 피돌봄자로 생각되었던 청소년들로부터 오히려 위로받게 되었다.

예수 그리스도는 로버트의 고통에도 동참하셨다. 앞에서 언급한 대로 로버트는 과거에 친어머니를 잃고 애도의 슬픔을 간직한 채로 살아야 했다. 현재에도 가정생활에서 불편함을 느끼고 살아가며, 어른이 된 이후에 닮고 싶은 적절한 모델을 발견하지 못하고 있었다.

로버트가 겪고 있는 이러한 고통과 관련되어 도움을 필요로 하는 욕구 또는 관계를 세 가지 측면으로 설명할 수 있다.

첫째, 그의 고통은 본받고 싶은 모델이 결여된 욕구로 표현될 수 있다. 청소년 집단은 오랫동안 적절한 모델을 찾지 못하고 모호한 정체성 때문에 고통 받고 있는 로버트를 친절하고, 의리 있고, 배려심이 있다고 묘사하여 긍정적인 면을 발견하도록 돕는다.

둘째, 로버트는 친구들에게 부모님과의 좋지 않은 관계 때문에 고통을 겪고 있다고 호소하였다. 그는 스스로 부모님이 자신을 거절하고 받아주지 않아서 심한 거절을 느껴서 괴롭다고 말하였다. 그런데 찬양대에서 다른 사람들 도와주었던 아버지에 대한 존슨 목사의 이야기에 깊은 감동을 받았다. 특히 아버지가 누군가를 도왔듯이 자기도 누군가를 돕는 사역자가 되고 싶다고 한 존슨 목사의 말을 듣고 돌봄을 받고 싶은 간절한 욕구를 느끼게 되었다. 그리고 그동안 오직 동료 청소년들로부터만 수용 받는 느낌을 받아왔으며, 집에 있는 것보다 청소년 집단에 있을 때에 더욱 편했다고 솔직하게 말한다. 로버트는 자신이 배척받는다고 생각했던 집에서 결코 느낄 수 없던 수용감을 청소년 집단에서 경험하고 있었던 것이었다.

셋째, 로버트의 고통은 현재 마음의 평안을 얻는 것과 관련되어 있다. 로버트가 부모의 관계에서 수용 받는 것이 중요하지만, 애도의 고통에서 평안을 되찾는 것도 중요하다. 존슨 목사님의 아버지에 대한 애도의 심정은 자신을 수용해주던 대상의 상실과 그 대상에 대한 그리움을 포함한다. 그리고 사역자로서 길을 걷기로 결단한 것은 타인을 돌보는 아버지를 본받고 싶다는 결심을 뜻한다. 존슨 목사의 이런 돌봄의 열정은 로버트도 하여금 친어머니를 상실한 애도의 슬픔을 극복하기 위하여 어떤 노력을 기울이겠다는 결심을 할 용기를 주었다. 그리고 로버트는 청소년 집단의 지지와 격려를 경험하게 되었다.

오랜 세월동안 로버트가 경험한 아픔은 매우 깊을 수 있기 때문에 청소년들의 위로와 격려만으로 그 아픔이 모두 극복되기 힘들 수 있다. 다시 말해서 로버트가 아픔을 충분히 극복하기 위해서 앞으로도 목회자와 동료 청소년들로부터 지속적인 격려와 지지를 받아야 한다. 특히 로버트를 위한 장기적인 돌봄은 서두르거나 강요의 성격을 띠지 않아야하기에 돌봄자들의 인내가 필요하다.

이러한 로버트의 입장은 자신과 새어머니의 관계를 나타내는 무의식적인 그의 표현에서 찾는다. 그는 새어머니를 군인, 더 나아가서는 무조건적인 명령을 내리는 나치라고 표현하였다. 그러면서도 막상 본인은 군인이 됨으로써 정체성을 찾으려고 마음먹고 있었다. 나는 자신을 억압하는 새어머니를 군인으로 표현하면서도 군인이 되겠다는 로버트는 폭력적으로 행동하게 될 가능성을 가지고 있다고 본다. 그 이유는 만약 로버트가 새어머니와의 관계에 대한 상처에서 벗어나지 않고서 군인이 된다면 상급자의 명령을 따를 때에 마치 새어머니의 강요에 굴복당하는 것처럼 느끼게 될 가능성이 높기 때문이다. 다시 말해서 로버트가 낮은 계급에 있을 때에는 상관과 갈등을 빚게 되거나 반대로 어느 정도 승진하게 되어서 명령을 내릴 지위를 갖게 될 때에는 새어머니와의 관계에서 경험하였던 것처럼 건강하지 않게 힘을 발휘하게 될 지도 모른다. 다행히 존슨 목사는 힘과 권력을 행사하지 않고 위로와 격려를 경험할 수 있는 돌봄을 제공할 수 있다고 본다.

## 5) 보완될 내용

마태복음 25장에서 예수 그리스도는 염소들이 돌봄이 필요한 이들의 필요를 충족시켜주는 데에 실패하였다고 말씀하셨다. 그 실패는 바로 예수 그리스도 자신의 욕구를 충족시키지 못한 것이라고 말씀하신다. 따라서 목회 돌봄에 참여하는 이들은 때때로 고통 받는 이들의 욕구를 충족시켜주지 못하고 있는 것은 아닌지 스스로를 돌아보아야 한다.

이런 관점에서 앞의 사례에서 청소년부서에서 비록 일부 청소년들이 부적절한 행동을 하였다고 하더라도 부서 전체적으로 청소년들이 적절한 돌봄을 받지 못하였다고 생각할 수도 있다. 나는 존슨 목사가 사역을 시작하면서 올바른 행동지침을 이야기하고 청소년들이 흔쾌히 그런 지침을 받아들인 것은 그들이 적절한 돌봄의 필요를 느끼고 있었으며, 교회 공동체의 어른들 중에 이런 사실을 깨닫지 못하고 청소년들의 적절하지 않은 행동만을 근거로 그들을 부정적으로 판단하는 분들이 있었다고 본다.

여기에서 이 사례에 대하여 적절한 돌봄이 어우러지기 위해서 다음과 같은 질문을 할 필요가 있다고 본다. 청소년부서의 돌봄이 필요한 상황이 비단 청소년들만의 돌봄이 필요한 상황이 아니라 공동체 전체의 돌봄이 필요한 상황이 청소년들에 의해서 드러난 것은 아닌가? 이 공동체 전체에 대한 기독교적 가치는 어떠한가? 그리고 명백하게 무엇이 잘못되었는지 공동체 내에서 솔직하게 설명되어야 하지만 그런 노력을 기울이지 않은 것은 아닌가? 만약 공동체가 이 청소년 집단을 갓 신학교를 졸업한 여성 교역자에게 맡기기로 하였다면 여성 교역자에게 큰 부담을 안겨주었을 수도 있다. 만약 올해에도 수련회에서 바람직하지 않은 일이 발생하였다면 어떻게 되었을 것인가? 아마도 여성 사역자는 더이상 그 교회에서 사역을 맡을 수 없었을 것이다.

교회 공동체는 작년의 바람직하지 않은 사건이 재발되지 않도록 기독교 교육 위원회를 담당하는 담임목사와 존슨 목사가 상호 협력하는 방식으로 일을 진행할 가능성이 높을 수밖에 없었음을 충분히 생각할 수 있다. 청소년부서의 성공적인 수련회의 뒤에는 이런 공동체 전체의 협력이 있었다는 사실이 암시되어 있다.

이 사례에서 청소년부서는 교회 공동체의 노력과 사역자의 헌신이 합쳐져서 자칫 더욱 상황이 나빠질 수 있었지만 새롭게 서로 위로하고 돕는 기독교의 가치를 지향하게 되었다. 그러나 교회 공동체와 사역자가 지속적으로 노력하지 않으면 새로운 돌봄이 필요한 상황을 겪게 될 가능성은 남아있다. 나는 목회 돌봄이 언제나 성공적일 수 없음을 언급하지 않을 수 없으며, 일시적으로 성공한 것 같이 보여도 위와 같은 질문을 계속 제기하며 지속적으로 실천할 필요가 있음을 강조한다.

## 4. 세 번째 읽기와 자기화

여기에서 나는 스스로 독자의 입장에 서서 마지막 읽기에서 생각할 가능성이 있는 더 깊은 자기화appropriation 와 평가의 내용을 제시하여 보려고 한다.

먼저 자기화와 관련해서 두 가지 관점을 말하고 싶다. 첫째, 만약 내가 독자라면 제4장의 사례에 대한 집단 토론의 마지막에서 나는 존슨 목사가 로버트에게 언급한 '하나님의 돌봄'에 대하여 흥미가 가서 이에 대한 로버트의 대답을 듣고 싶었을 것이다. 그 이유는 로버트의 대답이 사례에 관하여 다양한 자기화appropriation 와 평가를 이끌 수 있기 때문이다. 이런 흥미로운 관점은 사례의 저자가 일일이 제시할 수 없는 관점에 대하여 독자가 나름대로 제기하고 누릴 수 있는 권리이자 권한이 될 수 있다. 독자는 교육 시간에 다른 독자의 자기화를 들을 수도 있다. 만약 다른 독자들의 다양한 자기화를 폭 넓게 받아들이고 이해할 수 있다면 그만큼 새로운 가능성의 판단이 이루어질 수 있다.

둘째, 신학생 독자라고 상상해보자. 만약 목회자가 되는 것이 나의 미래의 소망이라면, 이 사례는 나에게 무엇을 이야기할 것인지를 생각할 수 있다. 이 사례와 관련해서 나는 다음과 같이 생각할 것이다. 첫째, 존슨 목사가 사역을 맡기로 결심하였을 때에 청소년 집단이 처한 상황과 관련해서 해결해야 할 부담을 느꼈을 수도 있다. 만약 내가 존슨 목사의 입장이라면 위험부담을 안고 첫 사역을 시작했을지 확신이 서지 않는다. 그러나 한편으로 어려움을 안고 시작하는 도전을 잘 극복하면 그만큼 긍정적인 경험을 얻게 될 것이라는 생각도 든다. 다행이 이 사례에서 청소년부서의 십대들은 목회자를 통하여 작년과 다른 상황을 맞이하게 되었으며, 그중에서도 로버트가 돌봄을 받게 된 소중한 열매를 맺게 되었다. 독자로서 나는 목회 돌봄에 대한 필요는 예측되지 않은 상황에서 발생할 수 있으며 그때에 효과적으로 반응을 할 필요가 있음을 생각하게 되었다. 마지막으로 로버트의 사연에 대하여 읽으면서 다른 방식으로 가정의 삶을 들여다 볼 수 있으며 이런 일견을 통하여 깨닫게 된 사실은 현명하게 사용된다면 미래의 사역에 도움이 될 수 있음을 생각하게 되었다.

지금까지는 나는 두 가지 자기화의 관점에 대하여 이야기 하였다. 이제는 자기화를 근거로 나름대로 내린 평가를 설명하려고 한다.

먼저, 로버트의 가족관계에서의 갈등이나 집단의 상호작용과 관련되어 겪는 어려움보다, 존슨 목사와 로버트의 개인적 애도에 초점을 두고 사례의 의미를 탐색할 것이다. 나는 일 년 동안 평균 6회 내지 7회의 장례를 집례한다. 대부분은 노인들이 돌아가신 장례식이지만 가끔은 젊은이의 소천을 지켜보아야 하는 사역자로서 남은 가족들의 애도의 슬픔을 위로하는 일은 쉽지 않은 돌봄이다. 따라서 이 사례가 드러내는 두 가지 애도에 대한 특성은 나의 목회의 경험과 잘 연결된다.

나는 애도가 시간이 지난다고 저절로 해소되지 않는다는 사실을 반복해서 깨닫는다. 사례에서도 존슨 목사는 아버지가 소천하신지 5년이 지났지만 아직도 아버지에 대하여 이야기를 할 때에 눈물을 흘리곤 하였다. 또한, 애도의 슬픔은 과거의 사건과 관련되지만, 그 슬픔은 현재의 인간관계에도 중요한 영향을 미친다. 사례의 주요 피돌봄자인 로버트는 5살 때에 친어머니를 여의었지만 아직도 그 상실을 극복하지 못한 듯이 보이며 새어머니와 갈등을 겪고 있다. 그리고 로버트의 아버지에 대한 정보는 별로 없지만 친어머니를 여읜 로버트를 충분히 위로하지는 못한 것으로 보인다.

더 나아가서 나는 돌봄 경험을 통하여 애도의 슬픔이 이성적이고 합리적으로 이해되기 힘들 수 있음을 경험하였다. 예를 들어서, 어떤 교인이 6년 전에 남편을 여의었다고 말할 때에 일반적으로 그분이 현재 경험하는 아픔은 6개월 전에 고인이 막 돌아가셨을 때에 겪은 슬픔과 동일할 것 같이 생각되지 않을 수 있다. 6개월과 6년 사이에는 상당함 시간의 간극이 있으며, 그동안 주위의 사람들의 위로를 받으면서 슬픔에 쏟던 에너지를 현실의 삶으로 돌리게 되었을 것으로 생각되기 때문이다. 그러나 반드시 그렇지 않은 경우를 종종 보게 된다. 만약 어떤 공동체가 위에서 설명한 관점을 간과하고 애도의 슬픔이 시간이 지나면서 저절로 잊히기 마련이라고 생각하게 되면, 장례식을 통하여 애도의 슬픔을 겪는 개인에게 애도의 감정을 표현할 때 그 아픔을 깊이 공감하기 보다는 하나의 의례적 행위로 애도를 표현할 수도 있다. 이 사례를 통하여 나는 내가 사역하는 공동체에서 단 한명의 성도가 겪는 애도에 대해서도 공동체 전체가 진심으로 같이 아파하고 위로하는 태도를 잃지 않아야함을 부단히 일깨울 필요가 있음을 한 번 더 깨닫게 되었다.

나는 기본적으로 주일날 교회에 오는 성도들 중에 애도의 슬픔을 겪고 있는 분이 있을 수 있다는 사실을 염두에 두고, 예배와 설교를 계획한다. 그럴 때에 어떤 분들은 예배는 언제나 밝은 분위기 속에서 드려야 한다고 주장하기도 한다. 그 분들은 내가 사역자로써 애도의 슬픔을 겪는 분들을 위로하려는 의도를 이해하지 못하는 듯이 보인다. 물론 그분들의 입장도 무조건 도외시 할 수는 없다. 따라서 나는 밝고 즐겁게 드리는 예배와 돌봄과 애도나 슬픔에 잠긴 성도에 초점을 둔 예배와 돌봄, 그리고 절기 및 목적에 따른 예배나 돌봄이 적절하게 균형을 이루도록 세심한 배려를 한다. 목회 사역과 돌봄은 나를 포함한 공동체 전체의 삶에 영향을 미치기 때문이다.

나는 앞의 사례에서 로버트가 "이 교회, 이 집단은 올해 내가 소속감을 느끼는 유일한 곳이었습니다."라고 말한 것을 기억한다. 이 말은 교회 공동체, 청소년 집단 그리고 목회자 모두에게 청소년 집단이 로버트에게 수용감과 안전감을 느낄 수 있는 유일한 곳으로 경험하게 하였음을 의미한다. 따라서 교회 공동체, 그들이 드리는 예배, 소속된 각 집단, 교우관계가 애도나 여러 가지 슬픔을 겪는 성도들에게 소속감과 안도감을 주는 공동체가 되어야 한다는 사실을 깨닫게 된다. 목회 돌봄의 관점에서 볼 때에, 처음에 위로와 수용감을 경험해야 할 필요를 느꼈던 성도들이 시간이 지나면서 어느덧 그런 욕구를 절박하게 느끼는 이들을 수용하고 안전감을 느끼도록 돕는 역할을 맡게 되는 변화를 관찰할 수도 있다.

지구상에서 애도의 슬픔을 겪지 않는 성도를 둔 공동체는 있을 수 없다. 마치 운전할 때에 좌회전하려고 대기할 때에 대기한 차들이 앞에 가득 찬 것을 보고 마음 답답함을 느끼며 신호를 기다리는 것처럼, 사역의 현장에서는 애도의 슬픔을 겪기 시작한 성도들을 보고 앞으로 그들이 겪을 아픔을 짐작하게 되는 경우가 많다. 마치 운전할 때에 이미 앞에 길게 늘어선 차들이 좌회전을 하기까지 몇 차례 신호를 기다린 후에 좌회전을 하게 되는 경우 처럼, 애도의 슬픔이 어느 정도 극복되기 위해서 상당한 시간이 필요하기 마련이다. 또한 애도의 슬픔을 겪는 가정은 자신의 아픔으로 힘들어 하지만 목회자는 동시에 애도의 슬픔을 겪는 여러 가정을 돌보는 상황을 맞기도 한다. 또 어느 한 가정이 애도의 슬픔을 어느 정도 극복하게 되었다 싶으면 다른 가정의 부음을 듣고 그 가정을 돌보아야 된다. 그렇기에 형식적으로 애도의 슬픔을 겪는 성도들을 대하지 않도록 주의해야 한다. 무엇보다도 사례를 여러 번 읽으면서 나는 동시에 여러 가정이 겪고 있는 애도 수준은 각기 다르지만 에 대하여 돌보아야 하는 사역의 현실을 여실히 느끼게 되었다. 물론 앞으로 존슨 목사도 계속 사역을 하면서 나의 입장을 깊이 공감하게 될 것이다.

# 5. 결론

다른 사람의 목회 돌봄 사례를 읽고 해석하는 과정은 자신의 실제 목회 돌봄에 대하여 많은 것을 깨닫게 한다. 특히 어떤 사례의 해석은 자신이 사역하는 상황과 유사하다고 생각되어서 더욱 많은 것을 깨닫도록 돕는다. 비록 타인의 사례에 담긴 내용 자체는 나의 목회 돌봄의 사례와 분명히 다르지만 나의 시선으로 사례를 읽고 해석하면서 그 안에 숨겨진 원리를 파악하게 된다. 일단 타인의 사례 안에서 어떤 원리를 발견하고 그 원리의 렌즈를 통하여 자신의 돌봄을 살피면 한층 역량 있는 돌봄자의 역할을 감당하는 자신을 발견하게 되는 유익을 얻게 될 것이다.

제6장

# 돌봄 사례 기록의 유익

제5장에서는 목회 돌봄 사례 기록이 기록자에게 갖는 의미에 대하여 설명하려고 한다. 목회 돌봄자들이 목회의 현장에서 만나는 사람들에 대한 돌봄의 내용을 기록할 때에 그 기록이 자신에게 어떤 목적 또는 가치를 갖는지 그리고 그 기록에서 무엇을 얻을 것인지 스스로 점검할 필요가 있다. 이런 관점은 돌봄 기록의 독자나 교육적 목적을 위해 목회 돌봄 사례를 해석하는 이들을 위해서 뿐 아니라, 돌봄 사역을 실시한 당사자 자신의 내면을 탐색할 좋은 자료가 된다는 사실에 초점을 둔다. 철학자 비트겐슈타인 Ludwig Wittgenstein 은 "특정한 돌봄이 필요한 상황에 대하여 자신의 관점을 파악하지 않고 해결에만 급급하게 되면 '왜 내가 이런 해결 방법을 제시했는지 모르겠다'는 태도를 취하게 될 수도 있다."고 말하였다(1958, no. 123). 그는 어떤 행동이나 태도 이면에 숨은 자신의 내면을 부단히 파악하도록 노력해야 할 필요

성을 강조한다. 이런 태도로 사례기록을 살펴본다면 기록자는 돌봄에 대한 자신 내면의 동기를 탐색하고 더욱 적절한 돌봄을 실천할 역량을 갖추게 될 뿐만 아니라, 돌봄 사역을 통하여 부단히 자신을 더욱 깊이 이해하게 되는 유익을 누리게 될 것이다. 자신에 대한 이해가 깊어질수록 더욱 적절한 자기 돌봄이 가능하게 된다.

## 1. 분석적 태도

우선 목회 돌봄 사례의 기록이 자기 자신을 더욱 잘 이해하게 될 수 있다는 것은 어떤 의미를 갖는지 생각해 볼 필요가 있다. 유치부에서 선생님이 4살 된 아동들에게 이름을 적어보라고 권하는 장면을 생각하여 보자. 바바라라는 여자아이는 열심히 이름을 적으려는 아이들 중 한명이다. 바바라가 자기 이름을 정확하게 쓰기까지 몇 달간의 노력이 필요할 수도 있고, 쉽게는 수 주안에 가능할 수도 있다. 철자 연습은 먼저 선생님이 아동들에게 아이들의 이름이 적힌 종이를 나누어 주고, 연필을 나누어 주면서 시작될 것이다. 그리고 각자 자기의 이름을 철자 하나 하나 읽어보게 시킬 것이다. 바바라도 애를 쓰며 더듬더듬 자기 이름을 구성하는 일곱 개의 철자를 읽어본다. 그러다가 옆에 앉은 남학생 밥 Bob 의 이름을 보고, "네 이름은 쓰기가 참 쉬운데 내 이름은 왜 어렵지?"라고 말하고 한숨을 쉰다. 밥은 씩 웃으며 연필을 쥐고, 자기 이름을 빨리 적고 의기양양한 표정을 짓는다 사실 밥도 거의 알아보

　아직 바바라는 이름을 적지 못하고 교실 여기저기를 둘러보면서, 다른 재미있는 일을 찾기만 하면 자리에서 일어날 것 같이 불안하게 앉아있다. 이런 낌새를 알아챈 선생님은 "네 이름이 얼마나 멋진데! 얼른 보기에 이름이 긴 것 같지만 겨우 b, a, r이라는 세 단어만 알면 쓸 수 있단다."라고 말한다. 선생님은 "일단 bar 세 철자를 적고 bar을 한 번 반복해서 적은 다음에 맨 뒤에 a를 덧붙이면 된다."라고 설명하신다. 바바라는 선생님의 말씀을 듣고 자기 이름을 들여다본다. 아직 이름 속에서 어떤 철자가 반복되는지 정확하게 파악할 수 없지만 연필을 쥐고 이름을 적어본다. 이 과정을 되풀이 하면서 a와 r이 혼동되기도 하지만, 점차 구분해서 적을 수 있게 된다. 그리고 처음에는 종이의 한쪽 귀퉁이에 이름을 적다가 여백이 부족해서 당황하고 난 후, 한가운데에 적어보는 용기를 내본다. 어느덧 이름을 정확하게 적는 것은 물론이고 집에서 벽에다가 예술 작품을 그리듯이 자랑스럽게 이름을 적어서 어머니에게 보이기도 한다.

　무슨 일이 일어났는가? 바바라는 자신의 이름을 적는 방법을 몰랐었다. 그러다가 선생님이 이름에서 반복되는 철자 패턴을 알려주시자 흥미를 가지고 이름을 적어 보게 되었다. 이 과정에서 연필을 바로 쥐고 연필을 쥔 손에 적당한 힘을 주어서 방향을 통제하며 한 글자씩 또박또박 적어보는 일은 모두 도전과 인내를 요구한다. 처음에는 많은 어려움을 겪지만 한 단계씩 성취하는 보람이 도전을 완성하도록 이끌어서 어느덧 자기 이름을 정확하게 적는 것은 별로 힘든 일이 아니게 된다. 만약 선생님이 가르쳐주지 않으셨다면, 바바라는 자기 이름을 정확하게 쓰게 되어도 이름 안에 되풀이 되는 철자가 있다는 사실을 알아차리지 못하였을 수도 있다. 그러나 선생님은 바바라가 자기의 이름을 흥미롭게 볼 수 있도록 새로운 시각을 틔어 주셨다. 더이상 밥의 이름이 쉽다는 부러움이 사라졌다. 오히려 "내 이름은 참 멋져. 네 이름은 너무 단순해"라는 생각을 하게 될 수도 있다. 이름을 정확하게 쓰는 것이 처음에는 힘들었지만 어느덧 성취감을 경험하게 되었다.

이 일이 어떻게 가능하게 되었는가? 어떻게 더듬더듬 이름을 적는 걸음마 수준에서 정확하고 멋지게 이름을 적게 되는 요령을 터득하게 되었는가? 거기에는 선생님이 중요한 역할이 있었다. 선생님은 단순히 종이와 연필만을 주고 "이 종이에 네 이름을 적어보렴"이라고 말씀만하시고 그냥 내버려 두지 않았다. 오히려 정확하게 이름 쓰기를 요구해서 상당한 부담을 주었다. 그러나 동시에 과제를 해결할 수 있는 방법도 알려주었다. 먼저 이름을 종이에 적어서 눈으로 볼 수 있게 하였다. 둘째 이름에 숨겨진 독특한 특징을 깨달을 수 있도록 설명하여서 철자를 기억하기 쉽게 도왔다. 한 마디로 바바라라는 이름이 그냥 철자가 나열된 조합체가 아니라 반복된 패턴을 가진 조합체 Bar-bar-a 임을 깨닫게 하였다.

비슷한 방법으로 목회 돌봄 사례를 기록함으로써 기록자는 경험을 분석하고 그 안에서 이전에 볼 수 없었던 어떤 분석 가능한 형태 gestalt 를 발견하게 된다. 분석이란 단어의 사전적 의미는 "어떤 덩어리를 분리 또는 분해해서 부분으로 나누어 그 본질, 구성요소, 기능, 관계 등을 밝히는 것"으로 정의된다. 이것이 목회 사례 기록의 첫 단계이다. 분석은 필수적으로 거치는 과정이다.

분석적 태도가 결여된 사례 기록자는 사역의 겉모습만 살피고 사역에 대하여 다 파악하였다고 오해할 가능성이 있다. 그러나 이미 알고 있다고 생각되는 사례를 면밀히 분석하면 사례의 내용을 더욱 분명하고 세밀하게 이해하게 된다. 여기서 주의할 점은 분석은 사역의 경험을 단순히 분해하는 데에 있지 않고, 분리된 부분들이 다시 합쳐져서 처음에 볼 수 없었던 새로운 그림을 발견하거나 또는 이미 파악했다고 생각하였던 그림안의 세밀한 부분도 파악하도록 돕는 데에 그 목적이 있다는 것을 깨닫는 것이다.

확실히 분석은 사례 기록자에게 이미 경험하였던 사역 경험을 더 정교한 틀에서 바라보게 도와서 이전과 다른 새로운 경험을 제공한다. 만약 사례 기록자가 기록을 하나의 귀찮은 과제로 생각하고 기록한 후에 다시 그 내용을 읽고 분석하려고 노력하지 않게 되면 사례 기록에서 새로운 것을 배울 수 있는 가능성을 스스로 포기하게 되는 셈이라고 말할 수 있다.

분석은 사역의 세계에 대해서 더욱 '깊은 통찰'을 얻기 위한 하나의 중요한 열쇠이다. 물론 분석을 부정적인 방법으로 사용하는 경험 예를 들어 부부 씨움에서 배우자가 상대방을 이기기 위해서 '비판적 관점'에서 말하는 경우, 평신도들이 사역자의 비전을 반대하려는 목적으로 '논리적'인 듯이 말하는 경우, 또는 전문 컨설턴트들이 목회자가 잘 모르는 분야에 대해서 충고하는 태도로 '조목조목 가르치려는' 어조로 말하는 경우 도 있을 수 있다. 다만 분석의 목적은 전체 체계안의 각 부분들 사이의 비례와 관계를 더욱 잘 이해하는 데에 있으며 분석을 통하여 목회 사례 기록에서 각 부분들 사이의 비례와 관계를 잘 이해할 때에는 익숙함을 느끼지만 그렇지 않을 때에는 불편함을 느낄 수 있다. 다른 분들도 그렇겠지만, 나도 어떤 일에 대한 해결 방법을 모르거나 예상하였던 상황이 아닐 때에 불편함을 느낀다. 사례를 분석하기 이전에 사역이 진행되는 상황과 사역자는 따로 떨어질 수 없으며, 사역자는 '상황에 속한 개인' a person in a situation 으로 여겨진다. 사례를 분석하면서 사례 기록자는 익숙함을 느끼는 부분과 불편함을 느끼는 부분에 대하여 개인person 과 상황situation 이라는 두 개의 요소로 구분하며, 이 두 요소의 상대적 비례에 대하여 통찰을 얻게 된다. 어떤 때에는 사례 기록자에게 자신의 준비되지 않음, 순진함, 둔감함, 오만함 등의 특성들이 익숙한 경험을 느끼지 못하게 만드는 부담이 된다. 또한 상황의 예측불가능성, 기만, 미 확정성, 파괴성 등이 더 큰 부담이 되기도 한다. 첫 번째 경우에 사례 기록자는 경험에서 무언가 배울 수 있는 교훈을 얻는다. 두 번째 경우에 사례 기록자는 상황이 능숙하고 영리한 사역자의 상상력을 훼방했다는 결론을 얻을 수 있다. 물론 이것도 무언가를 배우는 경험예를 들어서, 그런 상황들을 피하기 위한 통찰력을 개발하려는 욕구를 알아차리기 이 될 수 있지만, 보다 나은 기술들을 개발하려는 욕구와는 다른 종류의 경험이다.

앞에서 언급한 유치원을 다니는 아동이 자신의 이름을 정확하게 쓰게 되는 경험에서 바바라라는 이름 자체에도 그 안에 특정한 구조세 개의 알파벳의 반복 를 가지고 있음을 발견할 수 있다. 마찬가지로 사역의 경험은 분석 과정 그 자체와 분명하게 구분되는 구조를 가지고 있다. 게슈탈트Gestalt 심리학자가 설명하였듯이, 게슈탈트Gestalt 는 "패턴의 완성pattern completion 을 향하는 '형태의 가득함' formfulness 의 경향을 가지고 있다Peterman, 1932; Meyer 1956. 음표들이 모여서 음조를 만들고, 음조들이 반복되면서 다시 한 개의 곡을 만든다그러나 동일한 패턴이 변화 없이 지나치게 자주 반복되면 지루함을 느끼게 된다. 목회 사례 안으로 들어가는 방법을 찾은 경험들은 다양한 형태 가득함formfulness 이 분명해지면 친근함을 불러일으킬 수 있다. 그렇게 되면, 사례 기록자는 어느 순간에 "나는 예전에도 이런 경험을 하였지. 작년에 일어난 일이 지금 되풀이되고 있어. 단지 기록하기 전까지 깨닫지 못했을 뿐이야. 정말 동일한 패턴이 되풀이 되는 경험을 하고 있다니 참 놀랍군"하고 있는 사실을 갑작스럽게 깨닫게 된다. 사례 기록을 살펴보면서 다양한 경험의 "형태"를 인식하고, 다른 경험의 "형태"와 비슷함을 알아차리게 되면서, 사례 기록자는 자신의 사역 세계의 전체 구조를 더욱 선명하게 보게 된다.

요컨대 목회 돌봄 사례의 기록제2장의 형식에 따르면 은 돌봄 사역의 대표적 경험을 분석하며 돌봄 사례 기록의 전체 형태를 하나의 그림으로 더욱 잘 이해하게 돕고, 그림속에서 "익숙함"과 "익숙함의 부재"를 구분하게 될 때에, 개인적이고 상황적인 근거를 이해하게 된다.•

## 2. 현대판 니고데모의 사례

### 1) 돌봄 사례 기록

목회 돌봄 사례 기록이 기록자로 하여금 돌봄 사역 세계를 향하는 길을 발견하도록 돕는다는 요점을 설명하기 위해서, 41살의 장로교

---

• 우리는 위의 정의에서 "익숙함"(at-home)이라는 은유를 사용하였다. "익숙함"(at-home)은 "편안해지기"(being comfortable)와 동의어가 아님을 주목해야 한다. 그 이유는 누군가가 사역의 특정한 상황에서 상당히(매우 자주) 불편함을 경험할 수 있지만, 그럼에도 "예전에도 이런 경험을 하였지"라고 생각하고 그런 본성에 적응하는 방법을 알기 때문에, 그 불편함속에서 익숙함을 느낄 수 있다. 또한 기독교인의 소명의 본질(cf. Dittes, 1999)이며, 제3장에서 포스트모던에 대한 논의에서 설명한 기타의 이유 때문에, 사역자들은 전형적으로 이 세상에 속하지 않은 것처럼 느껴야 한다는 사실에 도전하기 위하여 이 은유를 사용하지 않을 수 있다.

목회자가 기록한 목회 돌봄 사례를 예로 들어보겠다. 이 사례는 제4장에서 설명한 목회 돌봄 사례와 달리, 제2장에서 제시된 사례형식에 따르지 않고 프린스턴 대학교의 목회학 박사 과정생을 위해서 개발된 형식에 따라 기록되었다.

이 사례는 기록자의 두 번째 사역지에서 사역 2년차에 경험한 돌봄 내용이다.

　그의 첫 사역은 미드웨스트(Midwest) 지역의 한 교회에서 7년 동안 진행되었다. 그 사역기간 동안에 교회 성도 수는 900명에서 1400명으로, 주일 출석 성도 수는 400명에서 700명으로 늘어났다. 그 후, 1997년에 뉴욕의 북동쪽에 있는 한 도시에서 담임목사로 부임하였다. 그는 자신이 성장하고 대학을 다닌 도시에서 첫 사역을 하였으며, 계약 만료로 사역지를 옮기게 되어서 새로운 사역 경험에 대하여 긍정적으로 느꼈다.

　그가 두 번째 사역지에 부임하였을 때에, 850명의 성도는 전 사역자의 부적절한 성적관계 혐의와 재정남용과 관련되어 받은 상처와 갈등을 회복하려고 애쓰는 중이었다. 그의 첫 관심사는 논쟁으로 골이 깊어진 성도들 사이의 갈등해소, 특히 오랫동안 다닌 성도와 출석한지 얼마 되지 않는 성도 사이의 평화와 일치의 회복이었다. 더 나아가서 그의 장기적인 사역 비전은 "일치가 회복된 이후에, 성도들 사이의 두터워진 연대감을 통해서 주변 지역의 공동체의 복잡한 욕구를 충족시키기"였다. 그리고 사역 2년차에 성도의 수가 900명에 이르렀고, "많은 치유가 일어났다." 그러나 그는 두 번째 사역지의 성도 수는 더 적지만 규모가 더 컸던 이전의 사역보다 오히려 사역이 더욱 힘들다는 사실을 깨닫게 되었다. 사례 기록자는 새로운 사역지의 성도들과 친근함을 덜 느끼는 것도 한 이유가 될 수 있지만, 그것보다 이전 사역지의 성도들과 신학적으로 더 많은 공통점을 가지고 있기 때문임을 깨닫게 되었다.

만약 고향에 대해 호의적이지 않은 감정을 가지고 있었다면 두 번째 사역지에서 보다 친근함을 느끼려고 애를 쓰게 되었을 가능성이 높다. 그러나 그는 고향을 사랑하고 있었고 그 고향에서 첫 사역을 하였고, 두 번째 사역은 낯선 환경에서의 도전을 의미했다. 이때에 그의 나이는 41세로 '중년기로의 전환'(Levinson의 연구팀, 1978) 시기에 접어들고 있었고 신학적으로도 첫 사역지의 성도들과 다른 관점의 성도들을 만나야했기 때문에 새로운 사역을 더욱 도전이라고 느낄 가능성이 높았다.

특히 신학적인 도전은 보수적인 성도들에게서가 아니라 나이가 더 많지만 교리에 대해서 더욱 자유로운 시각을 가진 몇몇 성도들과의 관계에서 발생하였다. 예를 들어서 성인 성경공부 시간에 진보주의적 시각을 가진 성도가 신앙고백서의 내용에 대해서 "저는 동정녀 출산, 삼위일체, 그리고 예수 그리스도의 신성에 대하여 확신할 수 없습니다."라고 말하였을 때에 목회자는 신학적으로 도전을 받게 되었다고 생각하게 되었다. 목회자는 자신이 교회 신조에 대하여 나름대로 성도들의 입장에서 잘 이해하도록 설명하고 있다고 확신하고 있었다. 또한 주요한 교리에 대해서 토대가 든든한 신학을 가지고 있다고 자부심을 가지고 사역을 하고 있었다. 더군다나 첫 사역지에서 신학적 도전을 받은 일이 없었기 때문에 낯선 두 번째 사역지에서의 도전은 그를 당황스럽게 하였다.

그러나 그는 신앙의 확신이 없는 성도들에 대해서 관심을 갖기로 하였다. 이 사례의 기록자 브라이언은 복음 전파자로써 잘 알려져 있다. 예배 인도자로써 그는 튼튼한 갑옷을 입은 노련한 전사와 같이, 설교를 재미있게 하는 편이라기보다 전통에 기반을 두면서 성도들이 이해하기 쉽게 신학을 설명할 수 있는 스타일이라고 설명한다. 실제로 그를 만나는 사람들도 그가 지적이면서도 타인의 관점을 잘 수용해주는 면을 좋아한다. 그는 자신의 믿음의 핵심을 다음과 같이 진술하면서 사례를 시작한다.

이 사례는 교회에서 열심히 봉사하는 어떤 성도와의 만남에서 시작된다. 그의 이름은 밥이다. 그는 다소 자유롭고 이론 중심의 신학을 가지고 있으며 예수 그리스도를 구원자로 믿는다고 말을 하였지만 그 신앙은 안정되지 못하는 것으로 보였다. 그의 신앙적 태도는 출세지향적인 미국인들에게서 흔히 발견될 수 있는 스타일이며, 나는 그를 돌보는 것은 그와 비슷하게 신앙적으로 회의에 빠진 다른 성도들도 잘 돌보기 위한 경험이 될 것이라고 생각하였다.

2) 사례의 이해

사례 기록의 첫 부분에서 브라이언은 전통적 신학에 회의를 가진 성도 중에서 대표인 밥을 돌봄 대상자로 선택하고 그를 돌보는 경험을 통해서 목회자로서 비슷한 경향의 성도들을 잘 돌볼 수 있는 경험을 얻게 되기를 소망한다고 밝힌다. 그의 주석은 전통적으로 자기 검토의 기회를 제공한다고 말한다. 왜냐하면 본문에서 '상황'이 중요한 반면에 주석에서 '개인'적 돌봄이 필요한 상황이 언급되기 때문에 어느 하나를 소홀히 여기지 않도록 목회 돌봄이 진행될 필요가 있다.

사례를 이해할 때에 두 가지 관점이 모두 중요하며 브라이언이 자신을 '상황에 처한 사람'으로 이해한다는 사실을 고려해야 한다. 그러나 일반적으로 목회 돌봄 사례 해석의 역사에서 목회 돌봄 사례는 기록자에게 자기 이해나 자기 평가를 하는 데에 더욱 도움을 준다고 알려져 있다. 자기 이해는 기독교 역사에서 성 어거스틴으로부터 19세기의 감리교에 이르기까지 오랜 전통을 가지고 있으며 목회 돌봄 사례는 이 전통에 속한다. 따라서 목회 돌봄 사례를 살펴보는 것은 자연스럽게 기록자의 자기 이해의 과정을 포함한다. 그리고 자기 이해는 기록자가 기록된 사례를 읽게 될 때에 자신의 방법에 의문을 제기하도록 만들기도 한다. 이와 같이 목회 사례 기록은 자기 이해를 도와서 기록자가 돌봄의 상황<sub>에를 들어서 밥으로 대표되는</sub>을 다른 관점에서 바라볼 수 있는 유익을 준다. 제5장의 후반부에서 이런 관점에 대해서 살펴볼 것이다.

먼저 브라이언은 사역지의 성도들이 살아가는 지역의 지리적 위치와 특징, 종파에 얽매이지 않는 결혼의 경향성을 파악하고 '이전의 시대들이 피하려고 하던 상황'과 달리 다양한 종파가 어우러진 상황에 대하여 초점을 두고 돌봄 상황을 묘사한다.

그리고 브라이언은 교회 공동체가 '두 세대<sub>30대와 60대</sub>로 구성'된 특성을 보인다고 설명하면서 이 특성 때문에 '회중의 인구 지리적 특성을 좌우하고 대부분 두 세대의 구성원들이 호의적이지만 때때로 갈등을 빚기도 하고 한다.'고 설명한다. 이 사례의 중심 등장인물인 밥은 60대의 집단에 속한다. 브라이언은 '전형적으로 60대의 구성원들이 전통적으로 주류를 형성하고 있으며 그들은 1950년대의 미국 영성의 흐름에 깊은 뿌리를 두고 있다.'고 덧붙여 설명하며 밥을 연장자 집단의 전형으로 묘사한다. 그는 연장자 집단을 '60대', '전통적 주류', '1950년대 미국 영성'라는 사회문화적 범주로 묘사한다.

다음으로 브라이언은 사례 기록에서 밥과의 만남을 이끌었던 사건을 소개한다.

주현절과 사순절로 이어지는 기간 동안 요한복음을 본문으로 몇 주간 설교를 하면서 브라이언은 예수님이 '다시 태어남<sub>중생</sub>'요 3:1-21 에 대해서 니고데모에게 말씀해신 본문을 설교하게 되었다. 그는 설교에서 현대 기독교인들은 '다시 태어남'의 경험을 너무 협소하게 정의하기 때문에 일상에서 그 효과를 잘 누리고 있지 못하는 경향이 있다고 말하였다. 그는 '그것은 사건보다는 과정이고 일회적이기보다는 일평생 지속되고, 대 격변이 아니라 일상적이지만 분명히 *존재하고, 느끼고, 실재한다*'고 강조하였다.

이 표현 이후에 사례 기록에서 밥에 대한 묘사가 시작된다. 밥은 '나의 설교를 가장 집중해서 듣는 이들 중의 속하고 때때로 조용하지만 나의 설교를 듣고 무언가 힘들어하는 사람'으로 묘사된다. 또 설교나 성경공부 등에 참여하면서 진리를 감지했지만, 어떻게 삶에 적용할지 알지 못한 듯이 보였다" 계속 이어서 밥에 대해서 "그런데 어느 주일날 설교를 마친 후에 그가 나를 찾아와서 설교에 대하여 이야기를 나누고 싶다고 해서 만남의 약속 시간을 정하였다"라고 말한다. 그러나 브라이언은 그 만남의 약속을 어떻게 생각하는지 기록하지 않았다. 예를 들어서 밥이 찾아와서 설교가 침례교나 오순절 교회의 분위기처럼 너무 전통적이라고 비판할 것이 염려되었었는지 또는 누군가가 설교에 대하여 이야기하겠다는 약속을 해서 불편한지 아닌지 등에 대하여 아무 말도 하지 않았다.

그러나 다음 문단에서 밥의 개인 신상에 대하여 여러 가지를 기록한다. 밥은 60세 정도이며, 최근에 아이비엠에서 중견간부로 퇴직하였고 퇴직 후의 생활을 뉴욕시 외곽의 집에서 보내며, 여름에는 고향이 메인주에서 지내곤 하였다. 그의 가족은 "교회에서 가장 열심히 신앙생활을 하고 다른 성도들이 본받고 싶어 하는 축복받은 편"에 속하였다. 다음은 "전형적인 60대의 구성원"이라고 생각하는 밥에 대한 묘사가 기록되어 있다.

주님의 은혜를 받아서 그런지 밥은 키도 크고 잘 생겼으며, 몸매도 멋져서, 누가 보더라도 건강한 남성의 외모를 보인다. 그리고 또래의 다른 분들에 비해서 아직 감성이 풍부하다. 그는 찬양대에서 봉사 (반드시 가장 잘 봉사할 수 있는지 확신할 수 없지만)하는데, 라틴어로 적힌 곡조를 낮은 베이스의 어조로 부를 때에 유급 베이스 리더에 조금도 뒤지지 않을 정도이다. 누가 보더라도 온 몸에 땀이 밸 정도로 열정적으로 연습을 한다.

위의 글은 밥에 대하여 이상적이지만 않고 현실적인 모습을 잘 묘사한다. 그가 찬양대로 활동하는 모습은 열정적이고, 즐거워 보이며, 인구 통계학적인 성격의 보고서에서는 발견할 수 없는 듯 한 언급 교회 공동체가 유급 베이스 리더를 두어서 라틴어 찬양곡을 부를 수 있을 정도로 경제적 여유가 있음 도 있음을 알 수 있다. 그러나 밥이 "누가 보더라도 건강한 남성의 외모를 보인다. 그리고 또래의 다른 분들에 비해서 아직 감성이 풍부하다"는 문장이 가장 주목을 끈다. 따라서 브라이언은 밥을 만나기 이전에 이미 그를 "주목받을 만한 외모와 풍부한 감성"을 가지고 있는 인물로 생각하고 있음을 알 수 있다.

만약 이전의 사역지라면 브라이언이 더욱 감성적으로 여유 있고 풍부하게 성도들을 대할 수 있었을 것이며, 밥을 개인적으로 보다 깊이 사귀게 되었을 수도 있었다는 생각을 해 볼 수 있다. 또, 브라이언은 밥에게 친밀함을 느끼고 있었다면 만나자는 약속을 보다 즐겁게 받아들이고 첫 사역지에서 성도들을 대할 때에 느꼈던 정겨움의 향수에 빠졌을 것도 예상할 수도 있다. 또한 밥에 대해서 개인적인 친밀감을 더 느꼈더라면 "모든 열정을 다 쏟아 붓고 음악의 감동을 온 몸으로 느끼는 찬양대원"이라는 표현보다 "음악을 들을 때에 깊은 감성을 온 몸으로 느끼고 표현하는 남성"으로 묘사했었을 가능성이 높다.

브라이언은 밥의 '사랑스럽고, 친절한' 아내가 더욱 열심히 교회에 출석하고, 네 명의 자녀 중에 두 명도 역시 교회에 출석하지만, 세 번째 자녀는 레즈비언이며 동성애자에 대한 교단의 입장 때문에 교회에 나오지 않게 되었다고 덧붙여 설명한다. 그들 부부 내외는 셋째 자녀와 관련된 문제로 고민하지만, "변함없이 교회에 충실하게 출석하는" 교인이라고 말한다.

이 사례는 밥이 설교를 듣고 며칠 후에 면담 약속을 정하였다는 사실에 대하여 위와 같이 짧은 몇 개의 문장으로 설명하고, 면담 중간중간에 '짧게 기록한 노트'에 의존하여 기록되었다. 면담에서의 대화는 '일상에 대하여 다양한 범위'를 가지며 브라이언이 '사례 기록에 꼭 필요하지 않은 기록'도 남겼다. 현실적으로 면담의 대화 전체를 되살릴 수도 없고 사례 기록을 위해서 필요한 부분만 발췌해도 충분하다고 생각한다.

　사례 기록을 위한 적절한 대화는 다음과 같은 밥의 이야기에서 시작된다. "며칠 전, 목사님은 설교에서 다시 태어남과 그럼으로써 하나님과 더욱 깊은 관계를 맺게 된다고 말씀하셨습니다. 저는 그 의미에 대하여 더욱 자세히 일고 싶습니다." 브라이언은 "잘 알겠습니다. 그렇다면 일단 제 설교에서 다시 태어남에 대하여 어떤 내용을 들으셨다고 기억하시는지 한번 이야기 해주시기 바랍니다." 밥은 단지 설교에 대해서 뿐만 아니라, "지나온 삶"에 대하여 많은 이야기를 하였다. 그리고 "당신은 예수 그리스도와의 관계가 바로 기독교인의 삶, 사명, 예배 그리고 윤리의 중심이라고 반복해서 말하고 있습니다. 따라서 저는 어떻게 '출발점'으로 돌아갈 수 있는지 모르고 이전에도 출발점에 선적이 없기 때문에 어디가 출발점인지 확신하지 못합니다."라고 말하였다. 이어서 밥은 자신을 포함한 대부분의 성도들이 습관적으로 하나님에 대하여 언급하지만 개인적으로 '하나님과의 관계'가 어떤 것을 의미하는지 잘 알지 못한다고 말한다. 브라이언은 "우리의 신앙이 '조금씩 성장'하는 것은 삶 속에서 내면의 하나님 현존의 경험을 키우는 것입니다."라고 대답한다. 그 말을 듣고 밥은 "저는 목사님께서 하신 말씀에 대해서 확신을 갖기 어렵습니다."라고 대답한다.

　그 말을 들은 브라이언은 밥에게 '지금까지의 영적 경험'에 대하여 말해 달라고 부탁하였다. 밥은 유아 때에 받은 세례와 메인 주에서 교회에 출석하게 된 과정을 설명하고 교회에서 복음적 메시지와 예수 그리스도보다 도덕성이나 윤리에 대하여 더 많이 들은 것 같다고 말한다. 그리고 "목사님도 아시다시피, 우리 가족에게 교회생활이 매우 중요하지요."라고 말하며 교회 근처로 이사 오게 된 것도 영적 여행에 포함시켰다. 그는 교회생활이 자녀양육에 중요한 역할을 하였고, "일상에서 도덕적 기준을 잃지 않도록 도움을 주며 일상에서 더 큰 맥락 안에서 자기 자신을 바라보게 해준다."고 말하면서 단지 메인 주에서 교회에 다니기 때문만이 아니라 "숲을 걷고, 호수를 바라보면서 하나님에게 더 다가가고 있다고 느낍니다."라고 말하였다.

브라이언은 밥이 메인주에 살면서 하나님이 더 가까워지고 있다고 말하면서 감격하며 눈가가 촉촉이 젖어드는 모습을 보았다. 밥은 "정말 숲속에 들어가면 주님이 만드신 세계의 아름다움에 감탄하게 됩니다. 손자 녀석들이 호수에서 물놀이를 하는 장면을 바라보면 행복을 느낍니다. 그동안 꾸준히 신앙생활을 하게 된 덕분에 현재 감탄과 행복을 느끼고 있다고 생각됩니다. 그러나 그런 감탄 뒤에 막연히 더 깊은 의미를 발견해야 한다는 부담이 들기도 합니다."라고 솔직한 심정을 털어놓았다.

여기에서 밥은 나름대로 신앙의 의미를 말하고 있다. 그에게 신앙은 세상의 아름다움에 대한 감탄과 가족들을 볼 때에 느끼는 행복 등으로 경험된다. 이 사례를 읽는 독자는 이런 영적 차원의 경험만으로는 충분하지 않다고 평가할 수도 있다. 물론 밥도 답답함을 느끼며 현재 경험하는 신앙의 차원을 넘어서 더 깊은 경험을 원한다. 그러나 브라이언은 밥의 영적 경험에서 답답하다고 느끼는 부분에 대하여 주목하지 못하고 그는 그런 경험 자체로도 하나님의 은혜에 감사하는 '기도의 형태'로 표현해야 한다고 시도한다. 밥은 그런 브라이언의 태도에서 자신의 답답함에 충분히 주의를 기울이지 못한다고 느끼는 듯이 "그러나 목사님이 예수 그리스도와의 관계라고 하신 것은 무엇을 뜻하는 겁니까? 저는 그런 것에 대하여 매우 생소합니다. 저는 누구와 관계된 영성의 삶을 느껴본 적이 없습니다. 사실 저도 더욱 친밀하고 열정을 느끼게 하는 어떤 관계를 원합니다. 어떻게 사람이 다시 태어날 수 있지요? 예수 그리스도를 심장으로 느낄 수 있을까요? 주일학교 다닐 때의 마음을 가져야 하나요?"라고 묻는다. 그러나 브라이언은 "당신에게 예수 그리스도는 어떤 의미인가요?"라도 다시 묻는다. 잠시 고민하던 밥은 예수는 자신이 도저히 흉내 낼 수조차 없는 선지자의 삶을 사셨고 "역사상 그 누구보다도 하나님을 더 잘 아셨던 분"이시며 자신은 결코 따를 수 없는 모범이 되시는 분이라고 말하다. 브라이언은 이런 밥의 대답에 대해서 마음 깊숙이 세상에서의 출세를 열망하면서 교회에서 예수의 신성과 삼위일체의 교리를 머리로만 암기한 '60대 성도'의 전형적인 믿음을 보여준다고 표현한다.

여기에서 브라이언은 프로테스탄트의 신조를 말한다. "개신교 신자들은 예수 그리스도를 주님이자 구원자로 고백하도록 교육을 받습니다. 여기에서 '주님'과 '구원자'라는 단어가 당신에게 어떤 의미를 갖습니까?" 밥은 "솔직히 저에게 별로 큰 의미를 갖았던 것 같지 않습니다."라고 대답한다. "그렇다면 예수 그리스도께서 당신의 삶에서 현존한다고 말할 수 있나요?" "솔직히 아닙니다. 바로 그 '현존'이라는 표현에서 저는 무너집니다. 저는 예수님에 대한 기억으로 교회 생활을 하고, 그분이 저의 삶을 인도한다고 생각하려고 하지만, 그분이 살아 계심에 대한 확신이 없습니다." 밥의 말에서 부활을 잘 믿지 못하고 있음이 드러난다. 그래서 브라이언이 "당신은 예수 그리스도께서 죽으셨다가 다시 살아나신 것을 믿습니까?"라고 묻는다. "글쎄요. 아마도 저는 부활이 실제 사건이라기보다 초대 교회 공동체가 예수님에 대한 기억을 되살리기 위해서 사용한 은유적 표현이라고 생각하고 있었습니다. 저는 눈에 보이는 교회가 세상 속에서 그분의 존재를 상징하는 조직이라고 생각합니다. 그러나 그분이 살아 계시다는 것은 확신이 없습니다." "당신은 죽음 이후의 삶을 믿습니까?" "솔직히 아닙니다. 현재의 삶으로 끝난다고 생각합니다. 그걸로 충분할 것 같다고 생각하기도 합니다. 현재의 삶도 아름다우니까요. 저는 죽음 이후의 삶에 대한 교리의 도움을 받아야 할 필요가 있는지 확신하지 못하고 있습니다." 라고 한숨을 쉬며 대답한다. 이런 밥의 태도는 아직 부활에 대한 확신이 없지만 그럼에도 다시 살아난다는 확신을 갖고 싶어 하는 욕구를 암시한다.

브라이언이 이 일련의 질문과 반응에 대하여 어떻게 느꼈는지의 여부는 사례 자체에 나와 있지 않다. 그러나 그는 사례의 해석 시간 중에 밥에 대하여 밥을 "세상에서의 출세를 삶의 목표로 지향하면서 구원과 부활에 대하여 확신을 가지지 못한 상태로 그리스도를 구원자로 고백하도록 강요하는 분위기와 불신을 쉽게 말하기 힘든 성도들의 어려움"의 모습을 보인다고 묘사하였다. 그는 밥을 그 시대의 전형적 인물로 묘사하며 동년배의 성도들에 대해서 "그들은 예수와 어떻게 관계를 맺을지 모르며 형식적으로 신앙생활을 하며 세상에서의 성공을 지향하는 삶을 살았다. 따라서 영성의 상태에서 그들에게 예수 그리스도의 십자가와 부활은 지적으로 이해될 수 있는 사건일 뿐이다. 그들의 사고에서 죄와 죄책감이 전혀 실제적 역할을 하지 못하기 때문에 화해를 위한 예수 그리스도의 십자가의 죽음의 의미를 이해하지 못한 것이다. 이 땅에서의 삶이 그들에게 충분하게 보이기 때문에 죽음 이후의 삶에 대하여 거의 소망을 갖지 않는다. 따라서 종말론과 부활에 대하여 이야기할 때에 그들은 믿을 수 없다는 듯이 눈을 크게 뜨거나,

눈빛이 흐릿해진다."라고 말한다.

　나는 이 기록을 읽고 브라이언이 과장되게 표현하는 경향이 있다고 생각했지만 "나는 그들이 지금까지 기독교의 주요 주제에 대하여 별로 배우지 못한 것같이 느껴진다."라는 요약은 나름대로 의미가 있다고 보았다.

　한편 사례 기록에서 대화가 계속되면서 밥은 브라이언을 응시하면서 '다시 태어나는' 경험이 평생 동안 진행되는 과정이기 때문에 '다시 태어나고 있다'는 표현이 보다 정확할 것이라고 설명하였다. 그리고 그의 삶에서 예수 그리스도의 '현존'에 대해서 "저는 그분이 나를 어루만져주시고, 정의, 진리 그리고 명예롭게 행동하도록 돕고 저의 매력적이지 않은 성격을 극복해 나가도록 이끄신다고 느껴집니다."라고 말한다. 이 말을 듣고 밥은 더욱 진지하게 "그러면 그분이 당신에서 말을 건네시나요?"라고 묻고 브라이언은 "아닙니다."라고 대답을 한다. 이어서 밥은 "그러면 그분이 비언어적인 방법, 예를 들어서 당신 마음속에 그분으로부터 오는 어떤 직관, 또는 느낌을 통하여 확신을 경험하게 하시나요?"라고 질문한다. 브라이언은 "늘 분명하지는 않습니다, 다양한 방식으로 경험합니다. 언제나 언어적인 방식을 사용한다고 말하기도 어렵습니다. 제가 평안하게 느끼는 방식으로는 아니라고 해도, 제 머리와 마음 깊은 곳에 어떤 깨달음을 주시기도 합니다."라고 말한다.

　그 말을 듣고 밥은 "저는 어떻게 이해해야 할지 모르겠습니다. 저는 제 안에 갇혀있는 것 같은 제 자신을 어떻게 해방시켜야 할지 모르겠습니다."라고 탄식하며 말을 한다. 브라이언은 "예수 그리스도의 이름으로 분명한 내용을 기도"하며 "당신의 삶에서 부족 하다고 느끼는 것을 최대한 세밀하게 하나님에게 아뢰고 간구하기"라는 방법을 제시하였다. 밥은 비록 기도나 침묵이 낯설지만 한번 시도해 보겠다고 말한다. 그들의 면담은 브라이언이 밥에게 "예수 그리스도와의 관계에 대해서 회의가 일어날 때에 도움을 받을 수 있는 방법"으로 읽어 볼만한 적절한 책을 권하면서 면담을 마친다. 브라이언은 믿음을 가지고도 회의를 품었던 분들의 영적 경험에 대하여 이야기하는 Frederick Buechner의 『거룩한 여정』 *The Sacred Journey* San Francisco: Harper & Row, 1982 ; Marcus Borg의 『다시 예수와의 첫 만남』 *Meeting Jesus Again for the First Time* San Francisco: Harper San Francisco, 1994 ; 그리고 Anne La Mott의 『움직이는 자비』 *Traveling Mercies* New York: Pantheon, 1999 라는 세 편의 짧고 읽기 쉬운 책을 보도록 권하였다.

밥과의 대화에서 브라이언의 이야기 중에서 뚜렷하게 눈에 띄는 것은 예수 그리스도의 관계 경험에 대해서 개인적 경험을 탐구하는 방법에 초점을 두었다는 점이다. 특별히 예수에 대한 서로의 관점과 경험에 대해서 탐색하는 방식에 주목할 만하다. 브라이언의 질문은 예수 그리스도에 대한 밥의 믿음 "'주님'과 '구원자'라는 표현이 당신에게 어떤 의미를 갖습니까?" "당신은 예수가 죽음에서 일어나심(risen)을 믿습니까?"에 더욱 초점을 두고 있다. 반면에 밥은 브라이언이 예수를 경험한 방법 "그분이 당신에게 말을 건네셨습니까?" "그분의 뜻을 어떤 방법으로 이해하시게 되었습니까?" "당신 마음에 분명한 통찰로 나타나셨습니까?"에 관심을 보였다.

나는 만약 브라이언이 밥이 숲을 거닐면서 경험하였던 감동에 초점을 두면서 하나님과의 관계에 대해서 느낀 인식과 밥이 산책하면서 느낀 감정에서 무언가 공유될 수 있음 물론 구체적 이유는 동일하지 않지만을 인식시키면서 대화를 이끌어 나갔다면 좀 더 밥에게 복음적 차원의 영성생활을 이해시키는데 도움이 되지 않았을까 생각해보았다. 그리고 그런 방법을 실천하지 못해서, 밥은 "자신 안에 갇힌 듯한 느낌"을 경험하게 되었으며, 어쩌면 브라이언도 무의식중에 답답함을 느낄 수 있었을지도 모른다는 생각이 들었다.

한편 첫 돌봄 사례 기록을 발표하고 한 달 후에 브라이언은 밥과의 두 번째 만남에 대하여 보고하는 자리에서 "밥이 첫 면담에서 제시하였던 과제에 충실하지 않았다."고 보고하였다. 그리고 브라이언은 매우 대담하고 솔직하게 자신이 "밥에게 영성에 대한 조언자로서 거의 도움이 되지 못한 것처럼 보인다."고 말한다. 사실 단 한 번의 면담만으로 성도의 영성을 모두 파악하기 쉽지 않기 때문에 굳이 브라이언이 이런 말을 할 필요는 없었다. 하지만 나는 그 말에서 브라이언이 면담을 통하여 돌봄 상황에 대한 분석 analysis of the situation 에서 자기분석 self-analysis 으로 초점을 옮겨 자기 검토 self-examination 를 하게 되었다는 사실을 깨닫게 되었다. 만약 사례에 대한 브라이언의 탐색 초점이 상황분석에서 자기분석으로 옮겨가지 않았다면 자신과 밥과 사이에서 일어난 일에 대하여 전체적으로 조명하는 시각을 얻기 어려웠을 것이다.

나는 위의 사례를 통하여 사례 기록에 대한 상황 분석에 머물지 않고 그 이상 더 나아갈 수 있는 매우 중요한 영역이 있음을 암시하고자 한다. 바로 다음 장에서 그 영역에 대하여 자세히 다루려고 한다. 다만 여기에서는 그의 돌봄 사례 기록에 대한 동료들의 의견을 조금 이야기하고 마치려고 한다. 브라이언의 동료들 돌봄 전문가들 은 사례 속에서 밥에 대한 사례 기록을 이해하는데 별 어려움을 겪지 않았다. 그리고 많은 동료들도 밥이 신앙의 확신이 없다고 이해하였다. 그러나 어떤 동료들은 표면적으로 보기에 밥이 확실히 믿음이 없는 것처럼 보이지만 좀 더 깊이 들여다보면 밥에게 삶에서 하나님의 경험이 어떤 것인지 어렴풋하게라도 일깨울 수 있는 방법이 있다고 주장한다. 그러나 이런 입장의 동료들은 밥을 세상에서의 출세 지향적인 삶을 살아가려고 하며 형식적으로 교회 생활을 하는 세대의 전형적 특징을 가진 인물로만 보려고 한다면 그가 자연을 감상하며 느낀 아름다운 감탄이 바로 하나님이 주신 선물일 수 있다는 통찰을 일깨우기 어려울 수 있다는 예리한 관점을 설명한다. 그러나 이런 예리한 시각을 갖추지 못하더라도 대부분의 동료들은 브라이언이 밥의 '다시 태어남'이란 질문에 대해서 더욱 효과적으로 반응할 수 있었다고 말하며 아쉬워하고, 브라이언이 밥으로 하여금 다시 태어남에 대하여 진지하게 탐구할 수 있도록 이끌 수 있는 좋은 기회를 놓쳤다고 피드백을 주었다. 그러나 나는 개인적으로 이 돌봄을 통하여 브라이언은 돌봄의 상황과 아울러 자신의 내면을 탐색하게 되었다는 점에서 유익을 경험하였으며, 만약 다음에 밥이 면담을 요청한다면 그의 경험에 근거하여 다시 태어남에 대하여 탐색하도록 도울 수 있을 것이라고 생각한다.

## 3. 결론

제5장에서 목회 돌봄 사례 기록은 돌봄 사역의 상황에 대한 이해와 더불어서 기록자가 자신의 내면을 발견하도록 돕는다는 사실을 언

급하였다. 좀 더 자세히 말하자면 돌봄 사례 기록과 그 해석은 한편으로 저자가 돌봄 상황을 이해하고 다른 한편으로 상황 속에 있는 개인 person 으로서 자기 자신 self 에 대하여 더 잘 이해하도록 돕는다고 설명할 수 있다. 현대판 니고데모의 사례는 돌봄 기록자의 면담 기록은 피돌봄자를 돕기 위한 기회를 제공할 뿐만 아니라 자기 self 를 더 잘 이해하기 위한 기회를 경험하도록 이끌 수 있음을 암시한다. 그러나 동시에 이 사례는 자기분석 Self-analysis 이 상황분석보다 더욱 어려움을 일깨워주기도 한다. 그 이유는 피돌봄자가 심리내적 방어 목회 돌봄 사례를 읽는 독자들이 흔히 발견하는 현상 를 보이기 때문이기도 하지만 돌봄 기록자가 자기분석에 대한 훈련에 별로 익숙하지 않기 때문일 수도 있다. 따라서 돌봄 기록자가 자기 탐색에 익숙하지 않으면 목회 돌봄 사례 기록이 자기분석보다는 거의 상황분석에 더 치중할 수 있음을 주목하면서 다음 장을 시작하려고 한다.

다음 장에서는 목회 돌봄 사례 기록을 통하여 돌봄 기록자가 얻을 수 있는 자기탐색에 초점을 두어 설명할 것이다. 주로 내관 introspection 의 방법론을 설명하려고 한다. 그러나 동시에 목회 돌봄 사례 기록 자체가 자기탐색을 하도록 제한하는 특성을 갖고 있는지의 여부도 살펴보려고 한다. 만약 그렇더라도 목회 돌봄 사례가 학습의 방법이나 도구로써 의미가 없다고 말할 수는 없으며 돌봄 기록을 할 때에 기록자가 자기분석에 보다 의식적으로 초점을 두어야 한다는 것을 일깨운다면 돌봄 기록이 가지고 있는 교육적인 특성이 보다 효과적인 열매로 맺혀질 것이다.

제7장

# 목회 돌봄 사례의 발전

# 7장,
# 목회 돌봄 사례의 발전

이 장에서 목회 돌봄 사례의 적용과 발전 가능성을 자세히 살펴볼 것이다. 그 이유는 그 한계가 목회 돌봄 기록이라는 장르 자체에 내재하는 것인지, 아니면 그 장르를 사용 예를 들어서 교육적 텍스트로써 할 때에 나타나게 되는 것인지의 여부를 분별할 필요가 있기 때문이다. 더 나아가서 앞으로 사례 기록의 양식의 한계를 보완할 수 있는 새로운 양식을 만들어내기 위한 목적도 포함된다.•

나는 걸킨의 『지평선 넓히기』*Widening the Horizons, 1986* 의 제4장에서 목회 돌봄에 대해서 중요한 관점을 제시하고 현장 중심의 목회 돌봄에서 교회와 공동체의 상호 영향력을 나타내는 사례를 제시하였지만

---

• 제6장에서 돌봄 사례 양식에 따라서 기록된 사례 속에 한계가 있을 수 있음을 조심스럽게 살펴보려고 한다. 그 이유는 목회 돌봄 사례 기록이 현대 현장 중심의 목회의 생생함과 욕구를 충분히 살리는 기록을 통하여 보다 적절한 돌봄을 실천하도록 도움을 주고, 더 나아가서 필요하다면 기록 양식을 좀 더 발전시키기 위해서이다.

목회 돌봄의 한계에 대하여 생각할 수 있는 여지를 제공하지 못한 아쉬움을 남겼다고 생각한다. 나는 목회 돌봄 사례 기록의 장점을 살리기 위해서 발생할 수 있는 적용과 발전 가능성에 대하여 다음과 같이 살펴보려고 한다.

첫째, 목회 돌봄 사례 기록의 적용과 발전 가능성은 "신학적 차원"과 관련되어서 드러날 수 있다. 어떤 이들은 목회 돌봄 사례에서 "신학적 차원"이 부족할 수 있다고 말한다. 만약 돌봄 사례의 기록에서 신학적 관점을 간과한다면 이런 주장이 타당할 수 있다.

제3장에서 이미 목회 경험에 대한 신학적 반영의 기록에 대한 지침을 제시하였다. 목회 돌봄 사례에서 신학적 차원이 부족하다고 이야기 할 때에는 사례 기록자가 기록 양식의 신학적 반영에 대한 기록의 지침을 충실히 따르지 않았다고 말하는 것이 보다 정확한 표현이 될 것이라고 생각한다. 또한 돌봄 사례 기록에서 신학적 차원이 잘 드러나지 않았다고 판단 될 때에 그 이유를 단순하게 목회 돌봄 사례를 기록하도록 가르치는 이들에게 있다고 판단하는 것은 적절하지 않다고 생각한다. 오히려 대부분 목회 돌봄 사례의 기록을 가르치는 이들은 신학생들이 더욱 신학적 관점에서 주의를 기울여 사례를 기록할 것을 권유한다. 그러나 사례 기록자들이 이러한 가르침을 소홀히 여기는 경우에 신학적 차원이 결여될 수 있다.

목회 돌봄 사례의 기록에서 신학적 차원이 소홀히 되는 또 다른 경우는 기록자들이 돌봄 사례 기록을 단지 교육적인 텍스트로 인식할 때 발생한다. 물론 돌봄 사례가 교육적 텍스트의 가치를 갖지만 기록자가 그런 측면만을 지나치게 의식할 때에 목회 돌봄 사례는 타인들에게 읽히기 위해서 기록될 가능성이 높아진다. 기록자의 신학적 관점이나 스스로의 내면세계를 그려내며 기록하는데 소홀해 질 수 있다. 그러나 오늘날 영성의 함양을 위하여 사용되는 영적 저널 spiritual journal, 하나님께 드리는 편지 letters addressed to God, 개인적 시 private poems, 종교 상징물 십자가나 성상 등 에 대한 익명의 기록들 anonymous notes 등의 모든 종교 문학은 근본적으로 타인으로 읽게 하려는 목적보다 기록자의 내면을 성찰하기 위한 목적으로 기록되었음을 깨달아야 한다. 따라서 목회 돌봄 사례 기록은 기록자 자신의 내면을 위한 탐색과 독자들의 교육을 위한 텍스트로서의 기능을 모두 충족시켜야 한다.

둘째, 목회 돌봄 사례 기록의 적용과 발전 가능성은 등장인물의 삶의 경험에 대한 심리적 관찰과 관계될 수 있다. 돌봄 사례 기록에서 내담자나 성도들에 대한 비밀보장의 중요성이 강조되어서 등장인물들의 이름을 가명으로 기록되도록 주의를 기울여야 하지만, 그보다 기록에서 중요한 내용들이 "누락"되지 않도록 더욱 주의해야 한다. 여기에서 보다 중요한 것들은 등장인물의 삶의 경험에 대한 심리적 관찰이다. 등장인물의 심리에 대한 세밀한 관찰과 이해는 사례속의 돌봄 원리와 방법의 선택에 깊은 영향을 미치게 된다. 어떤 이들은 목회 돌봄 사례가 지나치게 심리 특히 신학적 관점이 결여된 채로 적이 될 것이라고 우려한다. 그러나 오히려 나는 등장인물들의 심리관찰이 거의 되지 않은 채로 진행된 돌봄 기록을 읽는 것은 더욱 바람직하지 않다고 본다. 나는 목회 돌봄 사례에서 신학적 차원이 더 중요하다는 사실을 전혀 반박할 의도는 없으며 심리학적인 관점이 배제된다고 반드시 신학적 차원이 분명해지지 않는다는 사실을 강조하고 싶다. 가장 바람직한 돌봄 사례 기록은 심리적 관찰이 깊어지면서 한층 심오하고 섬세한 신학적 관점이 드러나게 되는 종교 문학 작품이다.

# 1. 인물들의 사회적 역할에 대한 강조

목회 돌봄 사례에서 등장인물들의 삶의 경험의 저변에 깔린 심리학적 요소가 분명하게 드러나도록 기록되지 않는다는 것은 어떤 의미인가? 나는 제2장에서 심리치료는 상담자와 내담자 둘 사이에서 발생하지만 목회 돌봄 사례에서는 목회자와 여러 명의 성도들과의 관계에서 발생하는 경향이 있음을 설명하였다. 또, 목회 돌봄에서 목회자와 성도들은 다양한 상황에서 만나며 각 상황에서 서로의 역할이 다를 수 있음도 설명하였다. 그리고 목회자는 특정 성도인 한 개인뿐만 아니라 그의 가족들과도 관계를 맺기가 쉽기 때문에 돌봄 사례는 목회자와 성도의 관계에서 다차원적 multi-dimensional 인 특성을 보인다고 말하였다.

목회자가 한 성도에 대해서 한 가지 방식 이상의 다차원적인 관계를 맺는다는 의미는 목회자와 성도의 관계를 더욱 큰 사회적 관점에서 볼 필요가 있음을 뜻한다. 그런데 만약 사회적 관점이 소홀히 되면 사례 기록에서 목회자와 성도의 관계는 다양한 상황 속에서 고정된 방식의 관계성으로 묘사되어 현장 중심의 상황을 있는 그대로 반영하는 데에 제약이 발생하는 한계효과 limiting effect 가 발생할 수 있다. 예를 들어서 제5장의 사례에서 브라이언은 밥에 대해서 "은혜와 위엄을 갖추고, 키가 크고, 잘 생겼지만, 방어적인 태도를 갖추고, 전형적으로 남자답지만, 동년배에 비해서 더욱 감성적이다."라고 설명한다. 이 표현에서 앞부분의 묘사는 객관적인 특성을 보이지만 "더욱 감성적"이라는 표현은 심리적 관찰을 반영한다. 그러나 예를 들어서 함께 레스토랑에서 저녁식사를 하면서 대화를 나누게 되는 브라이언은 밥을 깊은 식견이 있어서 조언을 들을 수 있는 어른으로 인식하게 될 가능성이 있다. 한 마디로 상황이 달라지면 목회자와 성도간의 관계도 다른 사회적 역할의 관점으로 경험될 수 있다.

그러나 제5장의 사례에서 브라이언은 단지 목회자와 성도의 관점에서 밥과의 관계를 묘사하였다. 사례의 도입 부분에서 이런 관점이 분명하게 드러난다. 그래서 브라이언은 밥에 대해서 1950년대의 영성을 따르는 "60대" 성도들을 대변하는 존재라고 표현하였는데, 이 표현은 전형적으로 목회자의 관점에서 성도들을 관찰할 때에 사용하는 표현 방식이다. 나는 브라이언과의 면담에서 밥이 "내면에 갇힌 느낌"이 들었다고 말한 것은 브라이언이 자신을 다양한 사회적 역할을 담당하는 인격체로 보지 않고 아직 구원의 확신이 분명하지 않은 성도로만 바라보려는 태도에 대하여 답답함을 느꼈기 때문일 수 있다고 조심스럽게 언급하고 싶다.

## 2. 내관의 정의

한편 목회 돌봄 사례에서 등장인물을 다양한 사회적 역할을 가진 인격체로 보지 않고 하나의 고정된 타입으로 묘사하려는 경향은 기록자들이 돌봄 사례기록을 자신의 내면에 대하여 탐색하는 내관 introspection 의 기회로 이용하지 못할 때에 보다 분명하게 나타난다. 내관은 사전적으로 "자신의 마음, 감정, 반응을 들여다보고, 관찰하고 분석하는 심리내적 과정 a looking into one's own mind, feelings, reactions, etc.; observation and analysis of oneself"로 정의될 수 있다. 내관은 내면을 탐색하고, 통찰을 이끌고, 성장의 기회가 될 수 있는 유익을 주지만, 목회 돌봄 사례 기록자들이 내관을 소홀히 하는 경향이 많다는 사실 때문에 안타깝다.

브라이언이 사용했던 사례 기록 양식에도 '자기 비판적 평가'self-critical appraisal 라고 부르는 부분이 있다. 사례 기록자가 자신의 내면을 검토해서 내관의 효과를 얻을 수 있도록 도움을 주기 위해서 만들어진 부분이다. 그러나 대부분의 기록자들에게 이 부분은 좀 더 나은 돌봄에 대한 자신의 의견을 한 두 줄로 적는 데 사용될 뿐이다. 그러나 '자기 비판적 평가' 부분은 해당 돌봄의 사역을 실천하면서 맨 처음에 사용하려고 하였으나 어떠한 이유 때문에 사용하지 못한 방법론에 대해 사례를 기록할 때에 돌이켜보고 그 방법을 사용하였을 경우에 얻었을 유익을 기록하는 부분이다. 따라서 '자기 비판적 평가'라는 부분을 기록할 때에 되도록 자신의 내면을 정직하고 구체적으로 내면을 탐색하려고 노력한다면 자기 분석의 효과를 얻게 될 것이다. 브라이언의 돌봄 사례 기록의 '자기 비판적 평가'는 다음과 같이 시작된다.

나의 이번 돌봄 사역에 대한 두 개의 주제는 좀 더 깊이 언급할 필요가 있다. 첫째, 돌봄 사례의 기록을 다시 살펴보면서 처음에 인식할 수 없었던 새로운 탐색의 방법을 깨닫게 되었다. 둘째, 성도의 영적 지도 과정에 포함된 적절한 기법 또는 절차의 논의를 넘어서서 나 자신의 영성을 깊이 탐색하고 싶은 욕구를 느끼게 되었다. 나는 내면에서 이번 돌봄 과정에서 참된 영성을 찾고자 하는 성도를 돕는 사역을 통해서 나의 영성을 돌아보게 되기를 원한다.

돌봄 사례를 기록할 때에 방법론, 모델, 역할, 수행, 묘사에만 치중하게 되면 돌봄자로서 자신의 내면을 탐색하는 효과를 얻기 어려울 수 있다. 물론 사례에서 이런 용어들은 사용된 문맥 안에서 구체적 의미를 가지기 때문에 이 용어들을 사용해서 돌봄의 경험을 정리하고 기록하는 작업은 필요하다. 그러나 나는 "자기 비판적 평가"에 사용되는 지도는 그 이상을 뛰어넘어서 내관의 효과를 가져와야 한다는 사실을 강조한다. 따라서 돌봄 사례를 기록할 때에 피돌봄자에게 모든 초점을 두지 않고 돌봄자가 자신의 내면에서 일어나는 감정, 생각, 욕구도 자연스럽게 인식하려고 노력할 때에 내관이 가능하게 된다. 제5장의 밥의 사례 기록에서 브라이언도 자기 비판적 self-critical 평가에서 스스로에 대해서 비평적 평가를 내리려는 태도를 보였다.

나는 목회자로서 밥을 돕기에 독특한 자질을 갖추고 있으면서도 확실히 부족한 면도 가지고 있다고 생각된다. 나는 전통적인 신학적 태도를 가지고 있으며, 그 신학적 관점을 성도들에게 잘 이해시킬 수 있는 독특한 자질을 가지고 있다. 한편 내가 밥의 돌봄자로서 부족한 이유는 구원의 확신이 빈약해 보이면서도 열심히 신앙생활을 하는 듯 한 그의 태도를 이해하기 힘들다는 점이다.

위의 글에서 비록 브라이언이 비판적 평가 부분에 나름대로 돌봄자로서 자신에 대한 평가를 기록하였지만 그가 내관적 통찰을 얻었다고 보기는 어렵다. 만약 그가 내관을 통하여 내면을 살펴 볼 수 있었다면 밥의 영성에 대한 고민이 비단 밥에게만 해당되지 않고 자신에게도 해당하는 측면이 있음을 깨달았을 것이다. 브라이언이 내관을 경험하였다면 자신의 예수 그리스도의 경험이 밥의 예수 그리스도의 경험과 연결될 수 있는 접점을 찾고, 그 접점에서부터 밥의 영성에 대한 고민을 이해할 수 있도록 도왔을 가능성이 있다. 내관은 돌봄 기록자가 자신의 내면을 성찰하는 과정이지만 자신의 내면 세계의 통찰을 근거로 피돌봄자들을 더욱 깊이 이해해서 더욱 적절한 돌봄을 실천할 수 있기 때문이다.

그러나 목회 돌봄 사례 기록자가 자신이 기록하는 사례가 다른 사람들에 의해서 읽히고 해석되며 그 과정에서 자신의 돌봄 방식이나 태도가 비판받을 수 있음을 지나치게 인식한다면, 비록 형식적으로는 자신의 돌봄 방식, 태도 그리고 스스로 내린 평가들을 기록하지만 자신의 깊은 내면을 진지하게 드러내는self-disclosing 사례 기록을 작성하는 것을 꺼리게 될 가능성이 높아진다. 다시 말해서 자신을 평가하는 내용을 쓰지만, 내면 깊은 무의식을 탐구하는 통찰에 이르게 되지 않을 수 있다 예를 들어서 타인이 읽게 되는 일기를 쓰는 어린아이에게서 이런 태도를 발견하게 될 수 있다. 따라서 목회 돌봄 사례 기록자가 이런 취지를 충분히 인지하고 지향하지 않는다면 깊은 내면을 드러내고 그 내면의 탐색을 통하여 통찰을 얻게 되는 사례 기록을 작성하기가 수월하지 않을 수 있다. 그런 돌봄 기록자는 돌봄 사례 기록에서의 자신을 드러내기를 마치 "주머니에 감추어야 할 먼지를 꺼내놓기"와 같이 꺼리게 되며, 좀 더 심하게 되면 타인의 해석 자체를 받아들이는 것을 거부할 수도 있다. 이들에게 자기 드러냄은 오히려 두 가지 의도하지 않은 바람직하지 않은 결과를 가져온다. 기록자가 상황을 잘 통제하고 있다는 암시를 주는 이야기를 선택하게 만들 수 있다. 그리고 자기를 드러내는 이야기를 선택하는 경우에도 되도록 기록자의 심리를 파악하도록 돕는 단서를 제공하지 않는다.

그만큼 목회 돌봄 사례 기록에서 자신을 드러내는self-disclosing 글쓰기는 그 자체로 주요한 의미를 주고 있지만 동시에 꺼려지기도 한다. 예를 들어서 목회자가 특정 성도에게 성적 욕망을 품게 되는 경우에 그런 사실과 관련되는 기록은 거의 기록될 가능성이 없다. 여기에 대해서 여러 입장의 설명이 가능하겠지만 목회자가 성도와의 성적인 관계에 대해서 자신의 내면을 정직하게 들여다보지 않을 때에 자신의 부적절한 행동을 일종의 '목회적'인 관점으로 합리화해서 이해하려는 가능성이 높아지게 된다. 이런 경우에 목회자가 자신의 부적절한 행동을 인정하고 그 심리내적 원인에 대하여 진지하게 탐색하게 되면 반드시 유익을 얻게 될 것이다. 여기에서 목회자가 자신의 성적 비행의 심리내적 원인을 생각하는데 익숙하지 않다는 의미는 돌봄 사례 기록에서 내관에 익숙하지 않음을 뜻한다Graham, 1992, 228. 따라서 돌봄 사례 기록에서 기록자가 형식적으로 기록하지 않는 차원을 넘어서서 내관을 통하여 보다 진지하게 내면을 관찰하고, 기록하고, 통찰을 얻으려는 태도에 익숙하게 될 때에, 돌봄자는 자기분석을 통하여 보다 깊은 자기이해를 경험하게 되고, 피돌봄자를 더욱 깊이 이해하고 적절한 돌봄을 실천할 수 있는 역량을 갖추게 된다.

# 3. 내관의 적용

나는 돌봄 사례 기록자가 내관을 통하여 얻을 수 있는 유익을 보다 자세히 설명하기 위해서 골드버그 Carl Goldberg 의『수치심의 이해』 *Understanding Shame, 1991* 에서 설명된 내관에 대한 예를 들려고 한다. 이 예 자체가 자신을 드러내는 특성을 보이면서 꾸준하고, 진지하고, 체계적으로 내관을 실시하는 방법을 설명하기 때문에 흥미롭다. 골드버그는 뉴욕에서 분석가로 활동하는데, 약 일 년 동안 어떤 내담자와 힘든 면담을 진행하면서 내관의 경험을 하게 된다. 그는 이 사례를 "수치스러운 비밀" Shameful Secret, 부제는 "비밀처럼 압박하는 것은 없다"(Nothing is so oppressive as a secret) 이라고 기재되어 있음 이라는 장에서 설명한다. 그 내관의 경험은 다음과 같이 시작된다.

초겨울의 비가 교향곡처럼 꾸준히 소리를 내며 상담실의 지붕위로 떨어졌다. 동시에 카우치에 누워있는 내담자 빈센트에 대하여 강렬한 반감이 빗소리보다 더욱 강렬하게 느껴졌다. 내면에서 갑작스러운 변덕이 일어나는 것을 느끼고 당황했다. 사실 오늘 날씨는 예보되었다. 수일 동안 간간히 소나기가 퍼 부을 것이라는 일기예보가 있었다. 그러나 빈센트에게 느끼는 내면의 불쾌감은 예상하지 못했고, 갑작스럽고, 느닷없이 찾아왔다. 분석가로서 오랫동안 임상훈련을 쌓아온 내가 겨울에 접어드는 이 계절에 내담자에게 분노를 느끼는 것이 당황스러워서 그 감정을 표현하지 않으려고 애썼지만 오히려 그런 나의 태도가 더욱 어색하다고 느꼈졌다. 나의 무의식 속에서 내담자와 어떤 비밀을 공유하게 되었기 때문에 평상시와 다르게 갑작스러운 불쾌감을 경험하게 된 것은 아닌지 그리고 내담자가 그런 나의 마음을 감지하고 평온한 듯한 태도를 보이며, 불편함을 느끼게 될 가능성이 있다는 생각이 든다. 그러나 표면적으로 서로 상대방에 대한 불편함을 느낌을 감추고 계속 분석을 진행한다(163).

계속해서 "나는 다음 회기에는 다시 평정을 되찾고 분석을 계속하기로 결심하였다. 그날 아침에 빈센트와의 면담에서 나의 내면의 어떤 불쾌한 느낌에 관심을 갖게 되었지만 분석가로서의 평정과 침착함을 유지하기 위해서 그 느낌을 억압하였다. 그러나 나는 그날 분석이 종료될 때까지 나 스스로 불쾌감을 억압하는 이유를 계속 탐색하고 있었음을 인지할 수밖에 없었다."(163-64)라고 문단이 시작된다. 그 회기 동안에 빈센트는 그의 갓난 아들의 죽음에 대해서 느꼈던 책임감을 **털어놓았다** 그는 분석 중에 아주 가끔씩 갑작스럽게 마음을 털어놓았다. 그는 그 이유에 대하여 성장 중에 아버지에게 진짜 감정을 숨기고 겉으로 잘 웃고 성격이 좋은 것처럼 보이는 태도에 익숙해져 있었기 때문이라고 말하곤 하였다. 그는 갓난 아들의 죽음에 대하여 자신이 비겁하였다고 말하기 시작하였다. 골드버그는 이 순간에 대하여 다음과 같이 말한다.

나는 빈센트와 같이 있는 시간이 이렇게 불편할 줄은 몰랐다. 불편함을 느끼게 되면서 갑자기 그의 낡은 옷이 눈에 들어왔다. 어쩌면 방의 조명이 어두워서 그렇게 보였을 수도 있을 것이다. 그때는 평소보다 조명이 어두운 것 같았다. 그의 옷 색깔을 구별하기도 어려울 정도로 어두웠을지도 모른다. 그러나 갑자기 그의 옷 색깔을 인지하게 되면서 그동안 그가 언제나 어두운 회색 옷만을 입고 상담실에 온 것처럼 느껴졌다. 방안의 우중충한 분위기가 무언가 위험한 일이 곧 닥칠 것 같은 암시같이 느껴졌다. 나의 내면의 직관이 증명되지 않은 어떤 두려움에 요동치고 있었다. 그러나 여전히 내가 불쾌감을 느끼는 이유를 알 수가 없다(168).

그는 내면의 불쾌감의 원인을 찾으려고 계속 집중하였고 그때에 문득 그날 빈센트가 유난히 분석가의 애정과 지지를 원하였음을 깨닫게 되었다.

그는 면담 중에 대개 독백으로 이야기를 하곤 하였는데 이번에는 나의 반응을 간절히 원하였다. 오늘 아침에 내가 곁에서 강력하게 자신을 지지를 하고 있음을 느끼고 싶어 하는 것 같았다. 그러나 나는 분석가로서의 중립을 지켜야 한다는 생각을 하면서 여전히 그가 말할 때에 끼어들기를 원하지 않았고 특별한 격려를 표현하지 않았다. 그러다가 어느 순간 그가 지지를 바라는 듯이 애처로운 목소리로 이야기 할 때에 나는 마치 불길한 사건이 일어났음을 알리는 종소리를 듣는 것 같이 놀랐다. 그는 마치 죄 많은 성도가 수치스러운 비밀을 털어놓고 성직자가 듣기를 원하는 듯한 태도로 나에게 말을 하였다. 그러나 나의 마음속에서 어떤 저항하는 힘이 여전히 철저히 개인적 감정이나 주관적 판단을 배제하고 의례적으로 이야기를 들어야 한다는 성직자의 태도를 강요하는 것 같았다(168).

골드버그는 알 수 없는 내면의 힘에 의해서 스스로 자기 자신을 빈센트의 독백에 참여하지 못하도록 배제시키고 있음을 느끼고 있었다. 그러자 빈센트는 처음으로 그를 바라보면서 꿈을 꾸다가 방해를 받아서 깨어난 듯이 "세상에서 누구 못지않게 잘났다고 생각하는 내가 당신에게 구걸하듯 매달리는군요!"(169)라고 말하였다. 골드버그는 빈센트의 말이 어떤 오페라에서 나온 대사라는 사실을 기억해내고 그 오페라의 줄거리를 알고 있는지 물었다. 빈센트는 "그 오페라는 영원히 살기로 예정되었던 아들을 죽이고 자신이 대신 그 영생을 갖게 된 어떤 미친 왕에 대한 이야기입니다. 그러나 그는 아들에게 영생의 방법을 묻지 못하였기 때문에 결국 영생을 누릴 수 없었답니다."(170)라고 말하였다.

골드버그는 빈센트가 수년간 치료를 받으면서 아들을 낳았던 적이 있다는 말을 하지 않았음을 알게 되었다. 사실 초기 몇 회기 동안의 면담에서 빈센트는 결혼하였다는 사실조차 말하지 않았었다. 골드버그는 창밖을 내다보면서, "나는 창문 밑에 진흙을 내려다보면서 그의 아들이 어떻게 죽었는지 그 사연을 듣기를 원하였습니다. 그러나 지난 3일 동안 계속 비가 왔기 때문에 창 밑에는 진흙 도랑이 만들어졌고 그의 아들이 죽게 된 사연은 마치 뭉겨진 진흙처럼 파악하기 어려운 사연이라고 느껴졌습니다"(171). 이윽고 빈센트는 감정이 없는 사람처럼 무덤덤하게 자신의 갓난 아들이 죽게 된 상황을 다음과 같이 설명하였으며 그 사연을 듣는 골드버그는 가슴이 찢어지는 것 같았다.

제가 아들을 죽인 것과 다름없습니다. 그러나 어떻게 아이가 죽게 되었는지 분명하게 생각나지 않습니다. 솔직히 알고 싶지도 않습니다. 제 아들은 갓난아기였습니다. 그때 아내가 집을 비웠고 저는 마감을 앞둔 원고를 마무리하고 있었습니다. 그러나 일에 집중이 되지 않았죠, 아기가 계속 울어댔으니까요. 조용하라고 소리쳤지만 아기가 알아들을 턱이 없었지요. 오히려 놀라서 더 크게 울었죠. 요람을 들여다보니 아기가 갑자기 조용해지며 제가 자신을 돌보지 않는다는 원망의 눈으로 쳐다보는 것 같았습니다. 저는 그 애처로운 시선을 외면하고 다시 책상으로 돌아와서 일에 집중하였습니다. 어느덧 아내가 퇴근해서 아기를 들여다보았습니다. 그리고 전쟁터에서 극심한 고통 속에 죽어가는 병사보다 더 크고 처절한 비명소리를 질렀지요. 마치 미친 것 같았습니다. 얼른 요람으로 달려가서 아기를 살펴보았더니 아기가 숨을 쉬지 않았습니다. 제가 방치해서 죽인 셈이었습니다. 그렇게 쉽게 한 영혼이 떠날 수 있다니! 끔직한 악몽 같은 일이 벌어졌습니다. 피할 수 없었던 저의 불행이었습니다(171-72).

계속해서 빈센트는 그 일 때문에 심한 우울증을 겪고 살아왔다고 말하였다. 솔직히 아기가 죽었을 때에 제 정신을 유지하기 어려웠을 것이다. 그는 이 슬픔의 이야기를 그동안 그 누구에게도 털어놓을 수 없었다. 그의 아버지도 빈센트의 누이를 잃고 그가 성장할 때까지 그 슬픔을 털어놓지 않았다고 한다. 빈센트는 "마침내 아버지가 오랫동안 가슴에 묻어 두었던 비밀을 듣게 되었을 때에 아버지가 딸의 죽음이 자신과 연관이 있을 수 있다고 괴로워하는 모습을 보이게 되었고, 가장 존경하는 분의 무기력함에 대해서 실망감을 느끼게 되었습니다. 저는 아버지의 아픔을 수용하지 못하는 비겁한 아들이었습니다. 그런데 바로 저 자신도 아들을 외면하였습니다. 아무도 저를 이해하거나 수용해주지 않을 겁니다!"(172).

빈센트의 이야기를 들으며 골드버그는 그가 자신에게 마음을 열고 있음을 알아차렸다. 그는 깊이 감추어두었던 고통을 드러내고 있으나 상담자로서 빈센트에게 아들이 죽은 원인에 대하여 더욱 정확하게 말하도록 권유해도 안 되고, 또는 그의 태도를 판단하는 것도 적절하지 않음을 깨닫고 있었다. 다만 빈센트가 삶에서 가장 고통스러운 아픔을 말하면서 너무 차분하고, 예의바르고, 무감각함을 일깨울 필요는 있었다. 그러나 그 순간 골드버그는 전문가로서 평정을 잃고 마음속에 분노를 느끼고 있었다. 그가 빈센트에게 분노를 느끼는 이유는 무엇인가? 그는 이전에 강간범과 살인범들도 면담한 경험이 있으며 "나는 그들을 결코 좋아하지 않았지만, 빈센트를 대할 때보다는 덜 분노를 느꼈다"172-73 라고 솔직한 심경을 털어놓았다. 그는 내면에 분노가 일어나고 있음을 깨닫고 있었는데 서서히 두 번째로 생각이 마음속에서 떠오르고 있었다.

내가 화난 것은 타당하다고 생각된다. 그동안 꽤 오랫동안 면담을 하였으면서 이제야 마음속의 고민을 말한다는 것은 그동안 나를 무시했다는 증거라고 생각되었기 때문이다. 그렇다. 나는 결코 자기중심적인 사람이 아니다. 나는 언제나 인내하면서 그가 자신의 태도를 돌아보도록 배려하였다. 만약 내가 배려하지 않았다면 그는 매우 쉽게 스트레스를 받아서 벌써 오래전에 분석이 중단되었을 것이다(173).

지난 몇 회기 동안 골드버그는 이미 마음이 불편하였지만 그 느낌을 말하지 않고 견디어 내었다. 만약 그가 말을 하게 되면 빈센트가 당황하고, 자존감이 상해서 분석을 중단하게 될 것이라고 생각하였기 때문이었다. 그러나 최근에 골드버그는 예전에 느끼지 않았던 분노를 느꼈기 때문에 어렴풋하게 자신의 내면에 해결되지 않은 돌봄이 필요한 상황이 있을 수 있다고 생각하게 되었다(173).

그러던 중에 어느 날 아침에 빈센트는 골드버그의 전화기에 다음 약속 시간에 오지 못 할 것 같다는 메시지를 남겨 두었다. 전에는 이런 일이 없었다. 골드버그는 그 이유를 생각하다가 "오히려 마음이 편안해짐을 느꼈다."(174)고 기록하고 있다. 그리고 만나기로 했던 시간에 "상담실에 앉아서 창밖의 진흙을 바라보았다. 어느덧 비가 그쳤고, 아침의 고요함속에서 진흙은 나에게 어떤 의미를 일깨워 주는 것 같았다. 그리고 몇 분 후에 책상에 앉게 되었을 때에 그 이유를 깨닫게 되었다"(174).

그가 책상 앞에 앉자 일 년 전 자신이 썼던 시가 떠올랐다. 아버지의 장례식을 막 치르고 나서 쓴 시였다. 시를 읽으면서 문득 빈센트가 갓난 아들의 죽음에 대하여 자신의 책임을 느끼며 다른 이들과의 관계를 유지할 희망을 잃게 되었다고 말하였을 때에 골드버그 자신의 무의식 깊은 곳에서 어린 자신을 받아주지 않고 이해해주지 않았던 아버지에 대한 분노를 느꼈었음을 깨닫게 되었다. 빈센트의 아버지가 그랬던 것처럼 그의 아버지도 아들에게 관심을 두지 않았으며 돌보지 않았다. 골드버그는 돌봄 사례 기록에 "내가 빈센트에게 분노를 느꼈을 때에 나를 방치해 두었던 아버지와의 불편했던 관계에서 느꼈던 수치심도 함께 올라왔다. 그리고 그동안 빈센트가 면담 중 나를 무시한다고 느낄 때에, 이미 나는 아버지에게 무시당했던 어린 시절이 연상되고 있었음을 깨닫게 되었다."(175)라고 기록하였다.

골드버그는 이어서 몇 페이지에 걸쳐서 "분석가가 거의 밝히지 못했던 아버지와 관계된 나의 삶의 경험을 적어본다. 바로 이 경험이 빈센트를 수용하지 못하게 만들었을 것이다."(176)라고 설명한다. 여기에서 그 내용 전체를 언급할 수는 없지만, 빈센트가 면담을 연기해서 "홀로 있는 회기"동안 골드버그는 "심리내적으로 아직 아버지와 해결해야 할 과제가 남아있음을 깨닫게 되었다. 빈센트가 갓난 아들이 죽었을 때의 감정을 이야기했을 때에 나는 무의식적으로 억압하였던 아버지와의 불편한 감정을 떠올리게 되었고, 그 감정이 빈센트와의 면담을 방해하고 있음을 깨닫게 되었다"(178). 또한 빈센트가 갓난 아들의 죽음을 확인하고 아내가 보인 행동에 대하여 묘사한 '미친듯하였다'는 표현은 "빈센트와 불편함을 느끼던 나의 무의식의 이유를 인식하게 돕는 단서가 되었다. 바로 그 표현은 미친 사람같이 행동하는 아버지를 볼 때에 내가 느끼던 감정을 정확히 묘사하였기 때문이다. 좀 더 솔직히 말해서 나는 아버지에 대한 부정적 감정을 느끼면서도 한편으로 아버지와 친해지고 싶기도 하였다. 그러나 나의 내면에서 아버지에 대하여 부정적인 감정만 느끼려고 노력하면서, 스스로를 설득해서 아버지와 친해지고 싶었던 마음을 억압하였었던 과거를 떠올리게 되었다"(178-79).

앞에서 밥을 상담하였던 브라이언도 어느정도 자신을 돌아보는 태도를 보였지만 골드버그는 빈센트와의 면담을 통하여 섬세한 내관을 경험하기까지 이르게 되었다. 그는 자신의 내면을 살피고, 빈센트와의 관계에서 뚜렷한 이유 없이 분노를 느끼면서 그 불편한 감정과 그 감정에 따른 내면의 반응을 관찰하고 평가한다. 특히 골드버그는 빈센트의 이야기를 들으면서 내면의 불편한 감정의 원인을 밝히기 위하여 내관의 과정을 진행하면서 아버지와의 관계에서 느꼈던 분노를 갖난 아들을 잘 돌보지 않아서 죽음에 이르게 하였다고 자책하는 빈 센트에게 경험하게 되었음을 깨닫게 되었다. 그러나 분노를 절제하고 분석을 진행하였고, 자신뿐만 아니라 빈센트도 아버지로부터 위로와 돌봄을 받지 못하고 성장하였기 때문에 갓난 아들을 돌보는데 익숙하 지 않았음을 알게 되면서 그에 대한 분노가 사라지게 되었다. 오히려 자신이 분석가로서 아버지에 대하여 원망과 그리움을 모두 느끼고 있 음을 알아차리지 못하였음을 깨닫게 되었다. 한 마디로 그의 내관은 오랫동안 무의식 속에서 묻어두었던 고통을 의식하게 하였으며 그 고 통과 연관된 비밀의 정체<sub>의식에서 아버지에 대하여 분노를 느끼고 있었다고 생각되었지만</sub> <sub>무의식에는 그리움도 느끼고 있었음</sub> 를 인지하도록 이끌었다.

## 4. 미국심리학과 내관

앞에서 골드버그의 빈센트에 대한 분석은 내관을 적절하게 설명 하지만 이 사례를 읽는 독자들은 "저는 정신분석가도 아니고 목회자<sub>또</sub> <sub>는 신학도</sub> 일 뿐입니다. 목회자<sub>신학도</sub> 도 깊고 지속적인 자기분석을 할 수 있을 것으로 예상하십니까? 혹시 사역의 일상에서 지속적인 자기 분 석을 이끄는 효율적인 방법이 있을까요?"라는 반응을 보일 수 있다. 이런 질문에 대답을 하기 위해서 내관과 목회 돌봄의 관계에 대해서 미국의 심리학에 대한 간단한 역사를 소개하려고 한다.

미국 심리학계에서 행동주의가 싹트기 이전인 1910년대 중반기에 독일에서부터 내관주의 introspectionism 가 전파되었다. 이 방법론은 정신분석과 유사성을 가지고 있었지만 미국 심리학자들은 치료보다 연구에 관심을 보였다. 한편 최근에 코헛 Heinz Kohut 은 자기심리학 Self Psychology 에서 '공감'empathy 을 정신분석의 주요한 방법론이라고 설명하였다. 그는 『자기의 회복』 The Restoration of the Self, 1977 에서 "이전에 이루어진 공헌과 비교해 볼 때에 현재의 분석은 더욱 분명하게 1959년 이후에 형성된 나의 이론적 개념의 틀을 이루고, 내가 분석에서 사용하는 공감-내관적 태도 empathic-introspective stance 를 표현하고 있다."(1977, xiii)라고 말하여 분석가의 내관적 태도를 중시하였다.

또한 미국의 심리학자 중에서 윌리엄 제임스 William James 는 내관을 선호한 대표적 학자이다. 그는 1950년에 출판되어서 학계에 큰 영향력을 끼쳤던 『심리학의 원칙』 The Principles of Psychology 의 초판에서 "조사방법론" The Methods of Investigation 이라는 장에서 "내관적 관찰은 가장 처음 그리고 언제나 의지할 수 있는 자산이다. 내관은 한 마디로 정의하기가 용이하지 않지만 자신의 내면을 들여다보고, 발견되는 내용을 보고하는 작업으로 설명할 수 있다."라고 말한다. 그는 계속 해서 다음과 같이 말한다.

나는 누구나 의식의 차원에서 인지되는 내용을 설명할 수 있다는 데에 동의한다. 내가 아는 한 그런 진술의 존재를 의심하는 비평가는 없다. 그러나 더 깊은 측면이 있다. 나는 모든 사람은 의식의 차원에서 감지하지 못하지만 더 깊은 차원에서 무언가를 생각하고 느낀다고 믿는다. 그리고 이런 정신 상태는 내면의 활동 또는 열정의 흐

름이며, 의식의 차원에서의 인지와 분명히 구별되며 자신을 이해하
는 데에 매우 중요한 가치를 가진다. 이런 관점은 내가 주장하는 심
리학의 가장 근본적인 원리이다(185).

제임스James는 내관이 '감정'만을 포함하는지, 또는 '생각'도 포함
하는지의 여부에 대한 질문에 확실한 답을 하지 않았고 둘 사이의 구
분이 딱 맞아 떨어지지 않는다고 주장하였다. 만약 내관이 '사고'에 초
점을 둔다고 말하게 되면 빈센트에 대하여 골드버그가 분노를 느끼고
있음을 스스로 깨닫게 되었을 때에 그 분노가 감정이라기보다 인지로
만 이해될 수 있는 가능성이 있다. 반대로 만약 내관이 '감정'의 측면
만 가지고 있다고 말한다면, 예를 들어서 골드버그가 빈센트가 깊고
고통스러운 비밀에 대하여 감정적인 '직관'intuition만을 가지고 있다고
말하게 될 가능성이 높으며, 이때의 직관은 사고의 경향이 결여되어
있다고 생각될 수 있다.

따라서 제임스James는 내관을 관찰할 때에 사고의 측면과 감정의
측면이 정확하게 분리되지 않기 때문에 언제나 논쟁의 여지가 있음을
인정한다. 그러나 그는 만약 내관을 실시할 때에 그 내관을 감정 또는
사고의 한 측면으로만 이해하려고 해서 자연스러운 흐름을 방해하게
된다면 오히려 내관의 의미가 사라진다고 주장한다. 따라서 그는 내관
에는 감정과 사고의 두 기능이 있지만, 그 두 측면을 지나치게 분리하
지 않는 것이 자연스러운 내관의 흐름을 이해하는데 도움이 된다고
설명하며 다음과 같이 내관의 단계를 구분한다. 첫째, 즉각적으로 떠
오르는 감정이나 생각이 있다. 다음으로 이 생각과 감정을 적고, 이름
을 붙이고, 분류하고, 비교하고, 그것의 흐름을 추적한다. "내관의 진

행에서 생생한 경험을 이름 붙이고 분류하는 것이 반드시 필요하지만, 이 분류는 계속 이어지는 내관을 위한 단서가 된다는 데에 더 큰 의미를 갖는다"(89). 따라서 처음 골드버그가 빈센트에 대해서 깊은 분노를 느끼게 되었을 때에 그는 그 감정을 분명하게 인식하게 되었지만 그 의미는 아직 분명하게 인식되지 않아서 계속 그의 마음이 불편하였다. "왜 이런 느낌이 들지?"라는 인식은 보다 깊은 내관을 위한 단서가 되었으며 그는 그 단서로 더욱 깊은 내면의 흐름이나 연상을 분별하려고 노력하였다. 처음에 이런 내관적 흐름은 "마음이 괴로운 내담자가 고통스러운 감정을 드러내고 있었구나."라는 의식 차원의 인지와 전혀 관련이 없을 것 같았지만 내관이 계속되면서 골드버그는 자신의 내면에 해결되지 않은 갈등이 빈센트를 향한 분노와 관계가 있을 수 있다는 가능성을 생각해보게 되었다. 아마도 자신과 빈센트가 어떤 유사한 경험을 가지고 있을 수 있다는 인식이 서서히 떠오르게 되었다고 설명할 수 있을 것이다. 그리고 자신과 빈센트가 어떤 유사한 경험을 가질 수 있을 것인지를 추론하면서 자신을 빈센트의 갓난 아들과 동일시하면서 분노를 느끼게 되었음을 깨닫게 되었다. 그러다가 갑자기 시 한편을 기억해내게 된다. 그리고 빈센트와 약속을 취소하였던 면담 시간을 혼자 보내면서 빈센트와 상관없는 시가 갑자기 떠오르게 된 이유를 생각하다가 그 시와 돌아가신 아버지와 어떤 관계가 있음을 생각해내게 된다. 이제 내관은 자신이 아버지와 빈센트를 동일시하게 되었다는 인식으로 이어진다.

골드버그가 내관을 통하여 빈센트와 자신의 아버지를 동일시하게 된 이유를 생각하다가 갑자기 전혀 상관없이 보이는 "부끄러운 비밀"이라는 시를 떠오르게 되면서 그 시가 떠오르게 된 원인을 다시 내관을 통하여 탐색하게 되는 흐름이 매우 중요하다. 제임스는 내관의 연구에서 그 흐름을 충실히 기록하고 검토하는 과정에서 더 깊이 억압되었던 기억이 떠오르게 되면서 특정한 인지나 감정의 경험에 대한 원인을 발견하게 된다고 말한다. 따라서 지속적인 내관의 유지를 통하여 보다 깊이 억압되었던 기억이나 경험이 의식의 차원에서 인지될 때에 자신에 대한 새로운 통찰을 얻게 되며 보다 자신을 깊이 이해하게 되면서 삶에서 자기기만self-deception 의 가능성이 최소화되는 유익이 있다고 말한다.

1967년에 심리학자인 바칸Bakan 은 내관의 필요성을 강조하는 소논문을 썼다. 그는 미국에서 행동주의가 시작되던 시기부터 내관을 소홀히 하게 되었다고 말한다. 다시 말해서 사람들이 외부로 드러난 행동을 관찰하여 심리를 보다 정확하게 이해할 수 있다고 믿게 되면서 내관보다 행동주의를 선호하게 되었으며, 행동주의의 효과에 대한 믿음이 지나치게 과장되었다고 주장한다. 그러나 그는 내관은 개인의 내면에서 일어나는 가장 인간적이고 자연스러운 심리 과정이기 때문에 흥미로우며 충분히 시도할 만한 가치가 있고, 철저한 원칙에 따라 실시하면 행동주의보다 효과적으로 내면을 탐색하는 방법이 된다고 주장하였다 John B. Watson도 1970년에 처음으로 행동주의 이론을 주장하였지만 나중에 외부 행동의 관찰에 의하여 내면을 탐색하는 연구도 완벽하지 않음을 인정하였다.

또한 바칸Bakan 은 내면을 충실하고 진지하게 탐색하기를 거부하려는 동기에서 행동주의의 방법이 낫게 결론을 짓게 될 가능성이 높아진다고 보았지만 진지하게 행동주의를 연구하는 이들은 결국 인간이 내면에 어떤 감정이나 생각을 인식하게 된 이후에 그 영향력에 의해서 어떤 특정한 행동을 하게 되는지 관심을 갖게 될 수밖에 없다는 입장을 취하였다.

한편 내관은 기록되어 공개될 때에 공적인 특성을 보이게 된다. "내관적 관찰의 기록이 원래 사적이라고 하더라도 그 관찰에서 얻어진 정보가 공개될 때에는 공적인 특성을 가지게 된다고 보아야 한다."는 전제가 보장되어야 객관성이 보장되어 학문으로써 심리학에 공헌할 수 있다 Bakan, 1967, 99.

목회 돌봄 사례에도 동일한 원칙이 적용된다. 사례 기록자의 내관적 기록이 독자들에게 공개된 후에 공적인 특성을 보이게 된다. 예를 들어서 기록자가 성도에 대한 자신의 생각과 감정을 다른 사람들이 알기를 원하지 않거나, 또는 사역과 관련된 자신의 소명의식, 떠오르는 생각과 감정이 사례와 어울리지 않는다고 판단되거나, 내면의 더 깊은 생각이나 감정이 불분명하고 모호해서 명확한 내용만 보고하게 되면 기록자는 내관을 충실히 실시하지 않고 또한 기록을 공개하기를 꺼리게 될 수 있다.

그러나 바칸 Bakan 은 내관이 공적 특성을 지니게 된다는 자체가 내관의 실시를 꺼리게 될 충분한 이유가 된다고 생각하지 않았다. 그는 개인적 내관의 기록이 삶의 중요한 비밀의 인지와 자살과 같은 심각하고 무거운 주제를 탐색하는 데에 공적 특성으로써 의미가 있다고 보았다. 다시 말해서 그는 비밀은 분명한 행동으로 드러나지 않는 특성을 가지기 때문에 다른 방법론보다 더욱 내관의 방법으로 탐색하기에 적합하며 또한 자살에 대하여 고민할 때에 다른 어떤 때보다 자신의 내면을 진지하게 "들여다볼" 가능성이 높아지기 때문에 내관의 효과가 높다고 생각하였다. 그는 코헛의 정신분석을 한 마디로 내관-공감의 과정 introspective-empathic process 이라고 표현하였고 분석가가 내담자를 공감한다는 것은 내관의 방법으로 그 내담자의 생각과 감정을 인식한다는 것을 뜻한다고 보았다. 한편 내관이 다른 사람의 마음속으로 "들어가는" 노력을 포함하기 때문에 만약 분석가가 목회 돌봄에서 자살을 생각하는 내담자와 면담할 때에 다른 어느 때보다 진지한 내관적 태도를 유지해야 한다. 그렇다고 자살을 생각하는 사람과 대화할 때에 자살하려는 이유부터 묻는 것은 적절하지 않다. 오히려 살아야 될 이유를 생각하도록 대화를 이끌고 그 이유와 관련되어 계속 떠오르는 생각을 반추하도록 내관적 돌봄을 진행해야 한다. 다음은 자살을 생각하는 사람을 돌보면서 내관을 관찰한 내용이다.

　자살하려는 사람의 마음상태에 대하여 많은 연구가 있었다. 그중에 하나가 마음속에서 일어나는 공격성이 모든 사고, 감정 그리고 소망을 마비시켰다는 관점의 연구이다(마치 중요한 문서가 물에 젖어 버려서 읽을 수 없게 되어 그 가치가 무용지물이 된 것과 같은 상황을 상상할 수 있다). 그러나 동시에 자살자는 내면에서 사고, 감정을 철저히 무기력하게 만드는 공격성에서 벗어나고자 하는 강렬한 욕구를 경험하게 된다. 그 강렬한 욕구는 자살을 생각하지 않는 사람은 상상할 수 없을 정도로 처절한 '돌봄자'의 이미지로 인격화될 수 있다. 이 돌봄자의 인격은 마치 유아가 스스로의 힘으로 생존할 수 있게 되기까지 돌보는 어머니의 역할과 같이 최후의 순간까지 자살의 충동과 맞선다. 따라서 자살자는 자살을 시도할 때에 내면에서 어머니와 같은 돌봄자의 인격을 말살하려는 자신을 느끼는 순간을 경험한다. 다시 말해서 실제 자살 시도는 심리내적으로 먼저 돌봄자 인격과의 연대감을 끊어버리고 그 돌봄자를 학살한 후에 가능하다는 것이다. 결국 자살은 고통 받는 자신을 그 고통으로부터 벗어나게 하려는 시도이지만 내면에서 자신을 돌보고자 하는 가장 근본적인 욕구를 외면해야 실제로 그 시도가 가능하게 되기 때문에 극심한 심리적 고통을 겪게 된다(118-19). 따라서 자살을 생각하는 내담자의 목회 돌봄에서 분석가는 공감적인 내관으로 내담자의 내면에서 자신을 돌보고자 하는 욕구를 느끼도록 도울 필요가 있다.

바칸Bakan 은 분석가가 공감적인 내관의 방법을 시도하면 자살을 시도하려는 내담자가 자살이 내면의 '돌봄자의 학살'이라는 잔인한 모순적 행동임을 인식하도록 도울 가능성이 높아진다고 말한다. 다시 말해서 그는 분석가의 공감적인 내관이 내담자의 내면화된 '돌봄자'가 결코 무정하지 않고 자신을 돌보고자 하는 따뜻한 마음을 가지고 있음을 인식하게 되어서 자살을 하지 않도록 도울 수 있음을 설명한다. 그러나 만약 분석가가 내관적 공감을 실패하게 되면 내담자가 내면의 '돌봄자'를 인식하게 되어도 그 인식이 희미해서 자신을 해치고 싶은 욕구를 이기지 못할 가능성이 있다고 말한다. 그는 분석가가 면밀하게 공감적인 태도를 유지하면 마치 내담자가 분석가에게 전혀 자살을 고려하고 있지 않은 것처럼 '위장'하는 것이 매우 어렵다고 말한다. 따라서 분석가는 지속적이고 공감적인 내관의 태도를 유지하여 내담자가 인식하지 못하였던 욕구를 대리적으로 경험하여야 하며, 이 때 내담자는 분석가의 내관의 경험을 자신의 것으로 인식하게 된다고 말한다. 특히 자살을 고려중인 내담자에게 분석가는 내관을 통한 대리적 경험을 내담자에게 인식시켜서 내담자의 내면속에 있는 '내면화된 돌봄자'internalized caretaker 를 인식하게 하고 그 인식을 강화시켜서 자살의 욕구를 이겨내도록 돕는 데에 집중해야 한다고 주장하였다.

　여기에서 나는 바칸Bakan 이 분석가의 공감적 태도가 자살을 시도하려는 내담자에게 내면의 돌봄자가 있음을 인식하도록 도울 수 있음을 믿게 된 것은 자신이 자살에 대한 생각과 감정에 대하여 심각하게 고민하고, 스스로 내관을 통하여 자살의 욕구를 극복하게 되면서, 자살을 고려하는 내담자를 이해하고 돕게 되었기 때문임을 알리고 싶다. 한 마디로 그는 자신의 마음을 깊이 들여다봄으로써 타인을 돌볼 수 있는 역량을 키울 수 있었다. 나는 그가 자신의 내면에서 자살의 욕구를 느끼면서도 자살 시도를 하지 않게 된 이유는 그가 비관적 '자기 비판적 평가' self-critical appraisal 에 빠지지 않았기 때문이라고 생각한다. 그는 자살에 대하여 생각을 하였지만 부정적인 자기비판적 평가에 빠지지 않았기 때문에 내관을 통하여 자신의 내면을 분석하게 되었다. 이 분석의 경험은 자살을 생각하는 다른 사람들을 더욱 깊이 이해하게 되는 역량을 키우도록 도왔다. 나는 목회 돌봄 사례의 기록에서 기록자의 내관은 자신의 심리를 깊이 들여다보는 자기 분석으로 이끌 수 있으며 자기 분석에서 얻은 통찰은 타인의 돌봄에 유익하게 사용될 수 있는 자산이 된다고 주장한다.

## 5. 내관과 돌봄 사례 기록

목회 돌봄 사례 기록자의 외부 세계의 '상황'에 대한 인식과 돌봄 사례를 기록할 때에 마음속에서 발생하는 돌봄 "상황"의 인식은 크게 다르지 않다. 따라서 기록자가 사례 양식 안에서 '자기비판적 평가'를 기록할 때에 스스로를 점검하기 위해서 사용하는 내관을 이끄는 사고와 감정은 실제 외부 세계 인식에 사용하는 사고와 감정의 기능과 반드시 별개라고 구분 지을 필요는 없다. 앞에서 바칸Bakan 의 내관적 경험이 내담자를 돌볼 때에도 사용될 수 있음을 알 수 있었다. 나는 특히 보이슨Boisen 이 일평생 정신증과 싸웠다는 사실을 고려할 때에 목회 사례 기록 속에 등장하는 그의 내관은 실제 치료에 사용될 수 있는 값진 것임을 기대할 수 있다고 본다. 다만 앞에서 보이슨Boisen 의 『내적 세계의 탐험』The Exploration of the Inner World, 1936 의 발췌문에서 학생들이 공감적으로 정신증을 바라볼 필요가 있다고 주장하였다.

> 정신증의 고통을 앓고 있는 경우에 어떤 인식을 자신의 경험이라고 확신하기 어려워진다. 그러면서 내면세계가 산산이 부서지거나 형태를 알아볼 수 없을 만큼 일그러져 버린다. 자신이 성장하였던 사회의 문화의 패턴이 자신에게 더이상 의미가 없게 되면서 모든 것을 의심하고 회의 속에 빠져든다. 따라서 정신증을 겪는 이의 돌봄자는 철저히 정신증을 앓는 사람의 경험에서 시작하고 그의 시각으로 보려고 노력하고 그의 종교적 신앙의 기초를 재점검하고, 그의 경험에 포함된 법칙과 힘을 최대한 이해하려고 노력해야 한다(252).

위의 글은 아무 것도 확신한다고 말하지 못하고 때때로 '산산이 부서지거나', '일그러진' 사람의 '내면세계'inner world 를 이해하기 위해서 돌봄자가 최대한 진지하고 지속적인 공감적 태도를 유지해야 할 필요성이 있음을 의미한다. 나는 여기서 바칸Bakan 의 관점을 지지해서 돌봄자가 내관을 통하여 자신의 내면을 탐색하는 경험을 하게 되면, 정신증을 앓고 있는 이를 좀 더 세밀하고 따뜻하게 공감해 줄 수 있음을 강조하고 싶다. 만약 반대로 돌봄자가 충분한 공감을 하지 못하게 되면 피돌봄자는 돌봄자가 자신의 마음을 깊이 이해하고 있다고 믿기보다 돌봄자가 "형식적 면담"을 실시하고 있을 뿐이라고 생각하여 실망하기 쉽다.

그러나 나는 이 자리에서 보이슨Boisen 의 심리자서전에서 내관이 자신의 목회 사례 기록의 발전에 큰 역할을 했다고 분명하게 밝히지 않았다는 사실도 언급하고자 한다. 또한 내관에 익숙한 돌봄자만이 목회 돌봄을 잘 실시할 수 있다는 결론을 내리려는 입장도 아니다. 한편 디츠James E. Dittes 는 매우 도전적인 소논문 "자서전 작가 보이슨"Boisen as Autobiographer, 1990 을 썼는데, 그 논문에서 내관을 진행할 때에 상담자의 역할에 대하여 설명하였다. 그의 논문은 보이슨Boisen 의 『심연으로부터: 정신증에 대한 자서전적 연구와 종교적 경험』Out of the Depth: An Autographical Study of Mental Disorder and Religious Experience, 1960 에서 보이슨Boisen 이 70세에 한쪽 눈을 실명하게 된 사건을 은유적으로 설명한다. 이 책에서 보이슨Boisen 이 "차이를 잘 인식하지 못한다."라고 표현을 해서 그 사건의 의미를 축소시키려고 한다. 그러나 디츠Dittes 는 "한쪽 눈으로 보는 것과 양쪽 눈으로 보는 것은 큰 차이가 있다. 한쪽 눈으로 보게 되면 사물을 인식하는 능력이 상당한 손상을 입는다. 이미 차이를 인식하지 못한다는 보이슨Boisen 의 말 자체가 인식하는 능력의 손상을 암시한다."(225)라고 언급한다. 또한 그에 따르면 보이슨Boisen 이 앓았던 조현증은 전형적으로 병세가 완연해지기 전에 인지 왜곡예를 들어서 타인의 머리가 실제보다 크다고 인식하게 될 수도 있다. 을 가져왔다 Claridge, 1995, 147-50.

디츠 Dittes 는 보이슨 Boisen 의 "앨리스와의 현실 관계에 지나치게 심취해서 강박적"이고 특이 결혼을 하지 않고도 앨리스를 마치 배우자처럼 여기고 살아감 한 '애정관계'를 탐색하였다. 그리고 그 이유를 85세라는 고령의 보이슨 Boisen 이 '현실과 괴리된 내적 세계에 빠진 특성'을 보이게 되었기 때문이라고 주장한다. 그는 또한 다음과 같이 말한다.

> 보이슨(Boisen)의 삶에서의 통제에 관심이 많았는데 실제로 그는 자신의 삶에서 부분적으로만 통제력을 발휘했다고 생각하였다. 그는 "성적 욕구에 대한 갈등"에 대하여 오랫동안 "자기훈련"(self-discipline)을 실천했지만 통제에 많은 어려움을 겪었다. 또한 그는 일목요연하게 계획된 어떤 스케줄과 규칙에 따르는 일종의 관리치료(management therapy)를 실시해서 정신증에서 벗어나겠다는 계약(agenda)을 자기 자신과 맺은 것처럼 보인다. 그는 되도록 간결하게 계획된 작업을 가장 효율적으로 진행하였다. 실제로 이런 특성을 가진 프로그램을 진행하고 예배 전문 인력을 양성하고, 문하의 학생들에게 "계약치료"(agenda-therapy)를 실시해서 긴장을 효율적으로 다룰 수 있는 기회를 가르치려 하였다(그러나 때때로 그의 동료들은 보이슨(Boisen)이 제시한 것 보다 세밀하게 심리를 탐색하기도 하였다). 한편 그의 자서전의 기술에 따르면 그의 방법은 많은 사례에서 병력의 호전을 가져왔다. 그가 저술한 『심연에서 벗어나기』(Out of the Depth)는 무의식의 복잡 다양한 기억의 조각들을 되도록 간결하게 정리하고 조합시켜서 의식에서 경험하도록 이끄는 방법을 제시한다(Dittes, 1990, 225).

여기에서 보이슨Boisen 이 "일목요연하게 계획된 어떤 스케줄과 규칙에 따르는 관리치료management therapy 를 실시해서 정신증에서 벗어나겠다는 계약agenda 을 자기 자신과 맺은 것처럼 보인다."는 디츠Dittes 의 글에서 '관리치료'의 의미를 밝히려고 한다. 보이슨Boisen 은 유니온 대학 재학 시절1908-1911 에 『종교경험의 다양성』에 깊이 심취하였고 자신을 윌리엄 제임스의 후계자라고 주장하였다Boisen, 1960, 60. 그러나 나는 "인격은 오랫동안 실제로 어떤 사람의 행동을 관찰하면서 얻게 된 신뢰할 만한 정보의 합계"라고 본 왓슨의 관점을 근거로 보이슨Boisen 의 "관리치료"는 제임스의 내관주의보다 왓슨의 행동주의와 더 유사하다고 생각한다. 왓슨Watson 은 한 마디로 "인격은 습관이라는 체계의 최종산물이다."Watson, 1970, 274 라고 말하였다.

보이슨Boisen 은 첫 입원기간1920-21 동안에 병동을 돌보는 의료진의 수퍼비전을 담당하는 정신과 의사에게 그가 입원한 병동의 환자들에게 레크리에이션 활동이 좀 더 필요하다는 내용이 적힌 편지를 수차례 보냈고, 그 중 한 편지에서 7월 4일에 야구, 릴레이 달리기, 그 외에 베개싸움, 줄다리기 그리고 죽마타기와 같은 "특별한 활동"도 포함된 프로그램을 제안하였다.

나도 직접 특별활동에 참여하였다. 나의 마음을 외부로 표현하는 표정을 담은 사진도 수 없이 찍었고, 병원환자들에 대한 사진을 600장 내지 700장 촬영하였다고 보고하고 있다. 나는 병원 건물과 주변과 환자들의 활동에 대한 사진을 찍을 수 있는 권한을 받았다. 병원 내의 다양한 건물과 잔디밭을 촬영하는 것은 나름대로 예술적 감각을 마음껏 펼칠 수 있다고 생각했기 때문에 정말 신나는 일이었다. 덕분에 병원 전체를 구석구석 살펴볼 수 있었고 X선으로 보듯이 보이지 않는 곳의 내부도 머릿속에 그릴 수 있을 정도가 되었다. 병원에서 그런 일을 할 수 있는 기회를 얻기는 매우 드물 일이었고, 나로서는 온 마음을 다하여 몰두할 수 있었다(Boisen, 1960, 136).

분명히 그는 정신증으로 입원한 기간 동안에 환자들에게 실제 활동이 중요함을 깨달았고 그런 활동이 정신 건강의 유지와 호전에 도움이 된다는 사실을 증명할 수 있다고 생각되어서 뿌듯함을 느꼈다. 다른 한편으로 사진 촬영을 통하여 자신이나 병원의 "내면의 세계" inner world 만을 탐색하는 것뿐만 아니라 직접 몸을 움직여서 병원의 구석구석 돌아다니면서 전체 구조를 살펴보는 것에도 관심을 가졌음을 설명한다. 그의 "보이지 않는 곳의 내부도 머릿속에 그릴 수 있을 정도가 되었다"라는 말은 인간의 정신의 내면과 함께 외적 활동의 영향력에 대해서도 익숙하게 되었다는 디츠 Dittes 의 주장을 뒷받침한다.

여기에서 우리의 목적은 보이슨 Boisen 이 스스로 비판한 내용을 탐색하는 것이 아니고 목회 돌봄 분야에 대한 그의 공헌을 축소하려는 것도 아니다. 분명히 목회 돌봄에서 그의 헌신은 매우 소중하다. 무엇보다 보이슨 Boisen 의 목회 돌봄 사례 기록은 '계약' agenda 과 '관리' management 와 관련된 장점을 가지고 있다. 그러나 나는 현대 목회 돌봄의 사례로 제시된 골드버그의 경험담과 바칸 Bakan 의 글에서 발췌한 내용을 근거로 오늘날 현장 중심의 목회 돌봄에서 돌봄자의 체계적이고 지속적인 내관이 다양한 상황에 처한 피돌봄자를 보다 적절하게 돌볼 수 있는 경험을 제공한다는 입장을 강조하려고 한다. 이런 나의 입장을 좀 더 분명히 설명하기 위해서 이미 앞에서 제시한 브라이언과 밥의 사례에 대해서 만약 브라이언이 내관을 실시하였다면 기록했을 가능성이 있었다고 생각되는 내용을 나름대로 제시해 보았다. 다만 때때로 브라이언의 관점보다 나의 관점에서 이야기하게 되는 한계를 완전히 벗어날 수 없었음을 미리 밝히며 그런 한계에 대하여 양해를 구한다.

## 6. 현대판 니고데모의 사례에 대한 내관적 이해

여기에서 목회 돌봄자의 내관을 통하여 돌봄이 어떻게 변할 수 있는지를 설명하기 위하여 밥과 브라이언의 사례에서 브라이언에 초점을 맞추어 내관적 특성이 최대한 부각되도록 설명하려고 한다. 내관은 개인의 내면에서 자연스럽게 일어나는 감정과 사고의 흐름에 대한 인식의 과정이기 때문에 사례에서 대화의 초점이 된 내적 경험의 욕구를 파악하는데 도움이 될 것이며, 밥의 현실에서 보다 '깊고 의미 있는' 무언가를 경험하고 싶은 소망은 내관의 방법을 통하여 적절하게 탐색될 가능성이 높다. 브라이언은 자신의 설교에 대하여 "우리 교회의 성도들은 모두 장로교 신앙을 가지고 신앙생활을 하며 삶 속에서 역사하시는 하나님에 대한 내적 경험이 '조금씩 커가는' 경험을 하고 있다고 생각하였다. 그러나 우리는 하나님이 어떤 분인지 생각하기를 좋아하지만, 그러나 하나님과의 대화는 하나님의 현존으로 다가가는 내적 경험이지만 때때로 낯설게 느낄 수도 있습니다."라는 설교 본문의 일부를 발췌하여 사례의 앞부분에 실었다. 여기에서 브라이언은 하나님과 "대화하기"를 "하나님의 현존"에 다가가는 "내적 경험"이라고 표현하고 있다. 그리고 밥은 브라이언에게 삶에서 한 번도 하나님과 대화를 나누어 본 적이 없어서 하나님의 현존에 다가가는 내적 경험을 한 적이 없다고 말한다. 그러자 브라이언은 밥에게 "지금까지 선생님의 영적여행이 어떤 것이었는지 이야기를 좀 해보세요."라고 요청한다.

그런데 만약 브라이언이 이 돌봄이 필요한 상황을 좀 더 내관의 관점에서 바라보았다면 어떻게 반응하였을까? 좀 더 내관적인 태도를 가졌다면 "'하나님의 현존에 다가가기'라는 '내적 경험'이 어떤 느낌인지 궁금합니다."라던가, 또는 "우리 교회의 성도들은 모두가 장로교 신앙을 가지고"라고 표현하지 않았을 가능성도 있다고 본다. 또한 하나님과 "대화하기"라는 표현을 하나님에 대한 "개인적 경험을 느끼고 생각해 보기"라고 좀 더 이해하기 쉽게 표현하였을 것 같다. 그러나 브라이언이 내관의 경험이 없기 때문에 누군가가 하나님과 "대화하기"가 실제로 어떻게 경험될 수 있는지 묻는다면 질문하는 이의 눈높이와 경험에 근거하여 이해하기 쉽도록 대답하기가 어려울 가능성이 높다. 다시 말해서 나는 브라이언이 내관을 통하여 자신의 신앙에 대하여 실제로 내면에서 일어나는 사고나 감정을 충분히 탐색하지 않았었기 때문에 성도들이 실제 삶 속에서 어떻게 하나님을 경험할 수 있는지에 대하여 질문했을 때에, 각 성도의 입장에서 이해하기 쉽도록 대답하기 어려웠다고 생각한다. 나는 바로 이런 입장에서 자신의 자살 심리를 이해하고 타인을 돕게 되었던 바칸<sub>Bakan</sub> 의 경험에서 알 수 있듯이 내관은 돌봄자의 돌봄 역량을 강화시키는 유익을 줄 수 있음을 다시 한번 강조한다. 또한 비록 브라이언이 내관에 익숙하지 않더라도 개인이 삶 속의 신앙적 경험에 대해서 나름대로 고민을 하고 있다면 밥과 대화를 나눈 후에 목회 사례를 기록하기 전에 또는 기록하는 중에, 스스로 밥과의 면담 경험을 통하여 성도들이 삶 속에서 하나님과의 대화가 어떤 것인지 이해하기 위해서 고민하고 있음을 알게 되었다고 기록할 수도 있었을 것이다.

따라서 돌봄 사례에서 브라이언이 겪는 어려움은 목회 현장에서 교리를 가르치도록 신학 교육을 받은 사역자들이 사역자와 같은 관점을 공유하지 못한 성도들에게 삶 속에서 하나님을 어떻게 느낄 수 있는지 사례 기록에서 "하나님과의 대화"로 표현됨 를 이해시키는 것이 쉽지 않을 수 있음을 암시한다. 여기에서 만약 내가 아직 내관에 익숙하지 않는 브라이언이라면 어떻게 내관에 익숙해질 수 있는지 다음과 같이 생각해 보았다.

먼저 종이에 펜으로 자유롭게 떠오르는 내용을 적어본다. 다음은 사고와 감정이 혼합된 연상을 편집하지 않고 충실하게 기록한다(목회 사례로 기록할 때에 독자들의 이해를 위해서 이 내용을 조금 간결하게 편집하는 것이 적절할 수도 있을 것이다). 이 내관의 흐름에서 부모님과 관련된 연상이 간간히 배경과 같이 떠오르는 것을 인식하였다(그러나 나의 사례가 아니라 브라이언의 사례임을 인식하고 있었기 때문에 골드버그와 달리 연상의 의미에 깊이 집중하지 않도록 주의할 것이다).

솔직히 위의 설명은 실제 브라이언이 경험할 수 있는 내관과 일치한다고 말하기 어렵다. 확실히 마치 나 자신이 브라이언이 된 것 같이 상상하고 시도해보는 내관에는 인공적인 설정이라는 한계가 있다. 그러나 내관에 익숙하지 않은 독자들에게 어느 정도 도움을 줄 수 있을 것이라고 생각하고 브라이언의 입장에 있다고 상상하고 좀 더 내관적 경험을 기록해 보려고 한다.

나에게 첫 번째로 자유롭게 떠오른 생각은 우리가 하나님에게 말을 건네는 것에 익숙하지 않을 수 있다는 인식이다. 하나님은 우리가 직접 귀로 들을 수 있을 정도로 말씀하시는 경우가 드물기 때문이다. 그러나 우리는 하나님은 살아계신다고 배우며, 이런 가르침을 진리로 받아들이고 신앙생활을 하게 되는 경우도 많다 물론 어떤 이는 하나님의 현존을 분명하게 체험하고 신앙생활을 시작하기도 한다. 그러나 하나님이 살아계신다고 믿으면서도 자신의 삶에서 하나님의 현존을 느끼지 못한다고 생각되면 어느 순간에 불안을 느낄 수도 있다. 그리고 만약 설교나 그 밖의 어떤 원인에 의해서 인간이 죄를 짓기 때문에 하나님의 현존을 느끼지 못한다고 생각하게 되면 불안은 죄책감으로 발전하거나 분노를 느끼게 될 수도 있다.

마찬가지로 자녀가 부모님과 좋은 관계를 맺지 못하기 때문에 느끼는 분노에 대하여 자녀에게 그 원인이 있다고 생각할 수 있다. 골드버그의 사례에서 다시 태어남에 대한 밥의 질문은 해소되지 않은 부모에 대한 깊은 분노와 관련이 있음을 암시할 수도 있다. 그는 자신이 "메인 주에 있을 때에 하나님이 더 가까이 계심"을 경험하였다고 말하였지만, 사실 메인 주는 그가 태어난 곳이었다. 그런데 니고데모의 중생 니고데모는 중생의 가능성을 의심해서 다시 어머니의 뱃속으로 들어가는 것으로 오해함 에 대한 브라이언의 설교는 밥으로 하여금 자신이 태어난 곳에 대하여 연상하도록 이끌었다. 나는 만약 브라이언이 부모에 대하여 느끼는 밥의 분노를 좀 더 분석하였다면, 그 분노가 아버지보다는 어머니와 관련되어 있음을 밝히게 가능성이 높다고 생각한다. 나로서는 밥이 니고데모처럼 중생에 대하여 회의론자가 된 이유는 무의식에서 어머니의 뱃속<sub>최초의 축복의 집</sub> 으로 다시 돌아간다는 생각 자체가 매우 불편하다고 느꼈기 때문일 수도 있음을 넌지시 언급하고 싶다.

나는 브라이언처럼 밥에게 도움이 될 수 있는 책을 권해 준다면 『보이는 어둠 : 광기의 회고』*Darkness Visible: A Memoir of Madness* 와 『청년루터』*Young Man Luther* 의 다른 두 책을 떠올리게 되었다. 이 중에 『보이는 어둠 : 광기의 회고』*Darkness Visible: A Memoir of Madness, 1990* 는 William Styron의 저술이다. 이 책에서 주인공 스타일런은 자살하기로 결심한 날 저녁에 어떤 영화를 보면서 "등장인물들이 음악학교의 복도를 걸어가고 있고, 콘트랄토의 목소리로 브람스*Brahms* 의 알토 랩소디 *Alto Rhapsody* 의 한 소절이 들려온다. 언제나 이 노랫소리만 들으면 온 몸이 감동의 전율이 흐른다."(66)라고 말한다. 그리고 스타일런이 자살을 실행하지 않게 되었던 이유는 자살을 생각하기 수 시간 전에 알토 랩소디 *Alto Rhapsody* 를 들었는데 그 노래가 그의 마음속에 울려 퍼지면서 그 감동으로 묘한 행복함을 느꼈기 때문이다."(80)라고 말한다 나는 바로 이 순간에 스타일런이 내면의 돌봄자를 인식하게 되었기 때문이라고 생각한다. 나는 밥이 찬양대에서 열심히 봉사하면서 마음속의 고민과 갈등을 이겨냈음을 깨닫도록 돕는 데에 이 책의 내용이 유익할 수 있다고 생각한다.

또한 나는 에릭슨*Erickson* 의 『청년루터』*Young Man Luther* 로 내관이 이어졌다. 그 책에서 "그의 어머니가 그에게 천국에 대해서 노래를 부르게 시키지 않았지만, 아무도 루터만큼 말하거나 노래할 수 없었다."(72)라는 표현이 생각났다. 한편 브라이언에게 밥이 성실하게 찬양대원으로 활동하며 라틴어로 찬양을 하며 경험하였던 감동은 그가 유아기 때에 어머니의 돌봄을 통하여 경험되었던 기쁨과 연결된다고 분석하는 듯이 보였다 그때에 어머니의 목소리의 의미보다 음조 자체가 더욱 중요하였다.

브라이언은 밥에 대하여 "그는 감동으로 눈가가 촉촉이 젖어드는 듯이 보였다."라고 묘사하고 찬양 중에 밥이 경험하는 감동은 "때때로 홀로 숲에 있으면 내가 누리기에 벅찬 세상의 아름다움에 대한 감사로 압도되었다"라는 표현 속의 경외감과 연결된다고 보았다. 나는 밥이 손주들이 호수에서 물놀이 하는 광경을 지켜보면서도 이런 경외감이 내면에서 일어난다고 말하던 대목에 주의를 기울였으며, "때때로 홀로 숲에 있으면"라는 표현은 나에게 코헛의 『자기의 회복』The Restoration of the Self, 1977 의 "Mr. X"의 사례분석을 떠올리게 하였다.

Mr. X는 초기 진단적 면담에서 "아버지에 대하여 깊은 실망의 경험"을 암시하는 듯이 말하였지만, 수개월 후에 아름다운 숲을 맨발로 걸으면서 황홀한 백일몽에 빠졌다고 말하였다. 코헛은 분석을 통하여 Mr. X가 어린 시절에 아버지와 숲을 거닐었으며 새들의 이름을 일일이 알려주시던 아버지에게 감동을 받았었다는 좀 더 무의식 깊은 곳에 잠재되어 있던 기억을 떠올리게 하였다. 나는 Mr. X와 같이 밥도 숲에 홀로 있으며 자신이 누리기에 벅찬 세상의 아름다움에 대하여 깊은 감사를 느꼈던 경험이 아마 어린 시절에 아버지와 숲을 거닐었기 때문일 수도 있다고 생각하게 되었다.

브라이언의 사례에 대한 워크샵에서 나는 브라이언에게 밥과의 면담에서 마치 "아버지와 아들"이 된 느낌이 들지 않았는지 물었다.

그리고 그 근거로 밥이 브라이언의 설교를 "매우 좋아하고"라는 표현에서 밥이 친아들에게 느끼지 못한 친근함을 브라이언에게 경험하게 되었을 가능성이 있다고 말하였다. 나는 브라이언이 밥의 대리 아들 또는 영적 아들이 되었을 가능성이 충분하다고 생각한다. 그리고 브라이언이 '밥'의 회의주의적인 태도에 맞서게 되었을 때에, 다른 교인들이 브라이언을 지지해주었기 때문에 목회자로서 안도감을 느끼며 오히려 밥을 "매우 좋아하게" 되었다는 표현과 관련하여, 만약에 브라이언이 좀 더 면밀하게 내면을 탐색하였다면 오히려 자신이 밥을 더 필요로 했었을 수 있음을 깨닫게 되었을 것이라고 생각한다. 그러나 내 기억에 나의 의견에 대한 브라이언의 대답은 듣지 못한 것 같다. 마지막으로 나는 브라이언이 밥의 "감정이 해소되지 않고 쌓여 답답한" 느낌에 많은 초점을 두는 자신의 내면의 원인도 탐색할 필요가 있다고 본다. 이 정도로 브라이언이 내관을 실시하게 되었을 때에 기록할 수 있었다고 생각되는 나의 글을 마치려고 한다. 지금까지 브라이언이 이 돌봄 사례와 관련되어서 내관을 진행하게 되었더라면 탐색될 수 있었던 내용에 대하여 나름대로 기록하여 보았다.

## 7. 결론

나는 내관에 대한 설명을 통해 내관이 목회 돌봄을 심리치료적인 방향으로만 이끈다고 판단하는 사람들이 있을 수 있다고 생각한다. 만약 그런 분들이 있다면 내관이 심리치료라는 인상을 갖고 있기 때문이다. 그러나 나는 내관이 분명히 목회 돌봄을 위한 방법이며 오히려 목회 사례 돌봄자들이 내관을 보다 능숙하게 사용하게 되면 목회 돌봄 사례를 통하여 자신을 탐색하게 되는 유익을 얻게 될 수 있음을 주목하게 되기를 원한다. 앞에서 살펴본 대로 내관은 내면에서 사고와 감정의 흐름을 떠오르는 그대로 관찰하고 기록하는 방법으로 진행된다. 그리고 상황에 따라서 먼저 사고의 형태 감정보다 가 보다 수월하게 진행될 수 있고 그 다음에 감정적 흐름을 기록할 수 있다. 물론 반대의 경우도 가능하다. 또한 어떤 이들은 사고와 감정의 흐름을 동시에 경험하며 기록할 수도 있다. 개인에 따라서 또한 상황에 따라서 내관은 여러 특징을 보일 수 있겠지만, 돌봄에서 내담자의 내면의 탐색이 우선이며 그 탐색의 과정에서 자연스럽게 돌봄자에게 떠오르는 내관을 기록하려는 태도가 중요하다. 이런 관점에서 밥의 사례에서 브라이언이 밥의 돌봄이 필요한 상황이 무엇인지 먼저 판단하려고 시도한 것은 의미가 있으나, 피돌봄자의 돌봄을 위해서뿐만 아니라 돌봄자 자신의 내면을 탐색하려는 태도가 보완될 필요가 있었음을 알 수 있었다. 그리고 브라이언이 내관을 경험하였다면 기록하였을 가능성이 있는 내용을 설명하였지만 솔직히 브라이언이 아니기 때문에 브라이언의 내면에서 진행될 수 있는 내관을 충분하게 대신 설명하지 못하였음을 인정한다 그러나 내가 이런 시도를 한 이유는 돌봄 사례를 해석하면서 독자 나름대로 자신을 사례의 돌봄자로 상상하고 내관을 진행해보는 훈련을 시도하면 실제 자신의 돌봄을 진행할 때에 보다 수월하게 내관을 경험하게 될 수 있음을 깨닫도록 돕기 위해서 었다.

　　나는 제임스 James 의 입장에 따라서 내관이 목회 사례 돌봄자의 내면에서 혼란스럽게 일어나는 사고와 감정의 흐름을 관찰하고 분별하여, 어떤 방향성을 발견하도록 돕는 기록의 방법이 될 수 있다고 믿고 되도록 많은 돌봄 기록자들이 내관에 익숙해져서 그 유익을 누리게 되기를 희망한다. 나는 목회 돌봄 사례 기록이 "내관적 노트 기록"intro-spective note-taking 의 특성을 보일 때에 돌봄 사역이 돌봄자에게 한층 유익이 될 수 있다고 확신한다 이럴 때에 제3장에서 언급하였던 목회 돌봄의 위축의 가능성이 축소될 수 있다. 마지막으로 나는 목회자 또는 목회 돌봄자들은 심리적인 차원에서 "언제나 미지의 세계를 다루고 있음"을 강조하고 싶다. 여기에서 말하는 미지의 세계는 인간의 깊은 내면의 영역을 뜻한다. 이 인간내면의 복잡한 관계성이 성도들의 삶속에 깊이 파고들어 있다. 그리고 그 미지의 세계를 향하여 한 걸음씩 들어가는 돌봄자가 자신의 내면에 대해서 탐색하는데 '내관'이라는 등불을 들고 내담자의 미지의 세계로 들어갈 때에, 그 빛이 밝혀주는 길을 따라서 한걸음씩 탐색의 발걸음을 옮길 수 있게 될 것이다.